常懷好…情，
日…過得好

66個生活中蘊含的簡單哲理

生活本身既不是禍，也不是福，
它是禍福的容器，
其關鍵是我們要把它變成什麼。

讓生命活得輕鬆自在

裴玲 著

生活就是價值，要善待自己與對待生命
生活就是理智，不要踩著別人的腳印走

我們每天都面臨來自工作、家庭、人際交往等各個方面的壓力，而我們用什麼樣的態度、用什麼樣的思維來對待這些壓力，往往能決定我們命運的好壞。

前言：與心靈洗個澡

我們在厄運面前歎息時，卻不曾想到幸運的光環已降臨在我們頭頂；當我們為失去的一段感情而傷懷時，卻不曾想另一扇幸福的大門已為自己打開。而這一切，就是生活，就是生活中蘊含的簡單哲理。

在很久以前曾流傳著這樣一個故事：

一位住在山中的年輕人，由於自然條件險惡，每年的收成無幾，難以生活，於是他四處尋找擺脫貧困的好方法。偶然地，他認識了一個從外地來的商販，這個商販給了他一顆叫做櫻桃的種子，說只要種在土壤裡，三年後便能長成一棵櫻桃樹，櫻桃樹上會結出好多的果實，如果拿到市集去，可以賣許多錢。由於擔心被別人偷，年輕人特意選擇了一處荒僻的山野，來種植這粒來之不易的珍貴櫻桃種子。

經過近三年時間的精心照料，澆水施肥，小小的種子終於長成一棵茁壯的櫻桃樹，並且結出纍纍的碩果。年輕人很高興，認為賣掉這些櫻桃後，所獲得的錢能夠改善自己的生活。

於是年輕人特意挑了一個好日子，準備在這一天摘下成熟的櫻桃，然後挑到集市上賣個好價錢。當他爬上山頂時，大吃一驚，櫻桃樹上那紅燦燦的果實竟然被外來的飛鳥和野獸們吃了個精光，只剩下滿地果核。

想到自己的辛苦工作和熱切的盼望，年輕人不禁悲從心起，痛哭起來，他的致富夢也就這樣破滅了。在往後的歲月裡，生活仍然艱苦，但年輕人卻憑著堅強的意志苦苦地支撐了下去，度過了一天又一天。不知不覺之間，三年的光陰又從指縫間悄悄流過。

有一天，年輕人偶然來到了那片山野。當他走上山頂時，突然愣住了，因為在他面前，出現了一大片茂盛的櫻桃樹，上面結滿了纍纍果實。

這會是誰種的呢？在疑惑不解中，他思索了好一會兒才明白：原來這一大片櫻桃林，都是他自己所種的。就在三年前，當那些飛鳥與野獸們吃完櫻桃後，就將果核吐在旁邊，後來果核裡的種子發芽生長，終於長成了一片更加廣闊的櫻桃林。現在，這位年輕人再也不用為生活發愁了，這一大片林子中的櫻桃，足可以讓他過上快樂的生活。

如果當年那些飛鳥與野獸們沒有來吃那棵樹上的櫻桃，今天就肯定無法形成這麼一大片果林了。

《後漢書》中有這樣一句話：失之東隅，收之桑榆。的確，世事是難以預料的，有時候，我們在為失去的而痛苦時，卻沒料到豐收的果實已堆滿了後院。

有些時候，失去並不一定是壞事，在許多情況下，得與失是相互輪轉的，種下什麼，就會收穫什麼，不管現在所處的環境多麼的不如意，最終生活還是會給予你更多的饋贈。這不僅是一個年輕人的領悟，更是生活的哲理。

關於生活，雨果說：「生活，就是理解。生活，就是面對現實微笑，就是越過障礙注視將來。生活，就是自己身上有一架天平，在那上面衡量善與惡。生活，就是有正義感、有真理、有理智，就是始終不渝、誠實不欺、表裡如一、心智純正，並且對權利與義務同等重視。生活，就是知道自己的價值，知道自己所能做到的與自己所應該做到的。生活，就是理智。」

事實上，生活本身既不是禍，也不是福，它是禍福的容器，其關鍵是我們要把它變成什麼。我們每天都面臨來自工作、家庭、人際交往等各個方面的壓力，而我們用什麼樣的態度、用什麼樣的思維方式來對待這些壓力，往往能決定我們命運的好壞。

本書正是加強個人品德修養、提高交際處事能力、調整心態、和諧家庭生活、掌握職場生存要領的一部智慧寶典。它通過大量經典的、富含人生哲理的小故事和深刻洞悉人性本質的闡釋，使讀者朋友在輕鬆閱讀的同時，能獲得在人生各個關鍵時刻的一些溫馨的建議或提醒。

如果不想讓自己的人生過得黯淡無光，不想用失敗、焦慮、恐懼、抱怨埋葬自己，那麼，閱讀本書吧，它將會使你受益終生！

目錄／

◆上篇／品德修養篇

CONTENTS

◆下篇／交際處事篇

CONTENTS

一次教訓對聰明人來說，比蠢人受一百次鞭撻還深刻。

上篇

—品德修養篇—

造就偉人的並非時勢，而是其自身的品質；我們之所以高貴，並不因為我們出身豪門，而是因為我們有高尚的品行。良好的品德是人性一切優點的基礎，也是一個人的立世之本，是有德者才會有的境界！一個人的內在涵養，決定他一生的成敗。

01 對自己誠實，就沒有人能欺騙你

一兩重的真誠，其價值等於一噸重的聰明。

十九世紀美國劇作家沛思說過：「說話時一定要說真話；模稜兩可的話是謊言的半途，說謊則是到地獄的前程。」欺騙只是一時的，不可能長久；誠實待人，永遠是贏得他人信任的方法。

埃及的迪拉瑪被稱為魔鬼城，它處在帝王谷的入口處。從比東法老到蘭塞法老的六百年間，走進小城的外地人沒有不上當受騙的。

史書中曾有這樣的記載：

第一個來到這裡的外地人是位阿拉伯商人，他想買些銀器回國，結果被一個帶路的小孩騙走了腳上的皮靴。

一個來自大馬士革城的旅行者想到帝王谷去探寶，進城不到一刻鐘，就被一個吉普賽人連錢帶行李騙個精光。

印度一位道行最高的巫師漫遊至此，也沒逃出被騙的厄運，身上惟一的一件東西——銅蛇管，被一個啞巴騙走。

……

對於魔鬼城之謎，歷來眾說紛紜。有人說，迪拉瑪是獅子、金牛、天狼三個星座在地球上的重心投射點，地理位置特殊，外地人走進這裡頭腦都要失靈；也有人說，是埃及法老圖坦卡門的咒語應驗，他說「凡擾亂法老安寧的人必死」在城入口處，他在用「讓你破財」的方式，仁慈地提醒你不要走進帝王谷。

然而，自從古希臘的一位哲學家來到這裡後，這些說法就被動搖了。因為他作為外地人，在城裡住了一年，不僅頭腦和原來一樣清晰，而且隨身攜帶的東西一件都沒丟。

有位羅馬商人得知此事後很是興奮。他想，一個能安全地走出迪拉瑪的人，一定是破解了法老咒語的人。因為他知道，迪拉瑪這座小城是圖坦卡門法老有意安排的。

據羅馬的羊皮書記載：圖坦卡門法老的陵墓修好後，為防止盜墓賊入侵，曾把關押在監牢裡的三千名騙子秘密流放到這裡，法老相信，一類人的智慧能制約另一類人的智慧。

羅馬商人決定去拜訪那位希臘哲學家。

他跟隨自己的商隊來到希臘，可惜那位哲學家已經去世五年了。希臘人告訴他，哲學家臨終前在摩西神廟的石壁上留下過一句話，那句話是他從迪拉瑪漫遊歸來後寫上去的。於是，商人來到神廟，凝視著石壁上哲學家留下的話，他禁不住喃喃自語：說得多好啊！說得多好啊！然後匍匐在地，表達對哲學家的敬意。

二千三百多年後的一天，一位考古學家在迦勒底山腳下挖出七個巨大的石碑，其中的一塊刻著一行字：

「對自己誠實，就沒人能夠欺騙你。」這句話，正是那位哲學家留下的。不久，希臘政府宣佈：摩西神廟遺址被發現。

我們可以欺騙少數人一輩子，我們也可以欺騙多數人一時，但我們永遠也不可能欺騙多數人一輩子。人與人的交往中，一切的虛情假意、曲意奉承總會有被揭穿的一天。儘管有人利用它爬上了高位，有人獲得了巨大的財富，但誰能保證有一天因為不誠實而失去這一切呢？

同樣的道理，雖然由於誠實你可能失掉某些想要的東西，但是，在漫長的人生旅途中失掉一些應有的回報算不了什麼。你需要的是建立信用，樹立真正誠實的名聲，應該使自己的話被人信賴，這比什麼都重要。

02 信用如同高貴的名譽一樣重要

誓言不一定盡如人意，但每個人都必須對誓言負責。

人無信不立，信用是一個人處世的資本，是社交場合的通行證。信用是一種承諾，一種保證；信用就是一諾千金，做人最根本的一條就是講信用。

不管社會如何發展，人都不能夠離群索居，不可能不與他人打交道，不可能沒有朋友，而這一切的前提就是信用。我們每個人作為社會的最小個體存在，雖然不能要求別人守信用，但我們自己一定要做到真誠、守信，否則，你就不會獲得朋友的信任，妻子的忠貞，同事的支持……

上世紀著名的心理學家馬斯洛在研究大量著名人物的基礎上，總結出有成就者的健康個性特徵，其中第一條就是講信用。馬斯洛還指出，一個人要走向成功或者培養健康個性有八條途徑，其中就有兩條與信用相關。

因此，要想成就一番事業，必須講信用，要想獲得朋友，也需講信用。就像一位哲人所言：講信用的人走到哪裡都受人尊重，受人歡迎。而不講信用的人，則會受到眾人的唾棄。

有一位商人要遠渡重洋去經商，便將他家中的財物托朋友保管。他的財物有鑲嵌的鑽石以及一些金器，如金杯、金壺等。「放心去辦你的事吧！我一定會替你小心保管這些東西的。」他的朋友對他說。商人聽了就安心上路了。

轉眼間兩年過去了，平安歸來的商人回到家裡後，就通知他的朋友，希望能取回托他保管的東西。商人還想把從國外帶回來的珍貴土產送給這位朋友作為謝禮。

但這位朋友想：「我已經幫他保管了兩年。時間過了這麼久，我可以跟他說我並沒有替他保管東西。然後，找個秘密的地方把這些寶物藏起來，他就沒辦法了。」

第二天，這個起了貪念的朋友，在前往商人家的途中，遇到一個跛著腳、又瘦又小、留著長長的白鬍子的老人。老人用銳利的眼光看著他。

商人的朋友正感到疑惑時，老人說：「我是諾言之神，我專門找那些不遵守諾言的人，把他們帶到高山上，從懸崖上推下去，以示懲罰。」

商人的朋友知道這個老人就是諾言之神，臉色馬上變了。他戰戰兢兢地問道：「那你是不是常常在這裡走動呢？」

「不，我經常要到不同的地方，去視察人們是否遵守諾言，大約二十年後才回來。」諾言之神說。

商人的朋友聽到這個回答，心裡想：「好極了，諾言之神離開這裡之後，二十年之內不會再來。」於是，商人的朋友決定遲延一天，等諾言之神走了再到商人家去。第二天，這個朋友到了商人的家裡，他對商人說：「我並沒有替你保管什麼東西啊！」

商人沒想到他的朋友竟然如此背信棄義，傷心地流著眼淚說：「請你不要這樣！我在兩年前請你替我保管許多財物……求求你，還給我吧！」

可是這位朋友根本就不承認，冷冷地說：「我說沒有就是沒有，我沒有替你保管東西，叫我怎麼還給你呢？」然後掉頭就走。

第二天一大早，商人的朋友在睡夢中聽到有人敲門，就揉著惺忪的睡眼去開門，發現站在門外的，竟是諾言之神。諾言之神伸出細長的雙手，掐住他的脖子，把他拉到門外。

「出來！你這個不遵守諾言的傢伙！你對不起你的朋友。現在，我要帶你到高山上，把你從懸崖上推下去。」諾言之神怒目圓睜，瞪著他大聲罵著。

商人的朋友害怕得全身戰慄著說：「請原諒我！諾言之神。可是，你不是說二十年後才回來嗎？為什麼不到一天的時間，你又回到這裡來懲罰我呢？」

諾言之神說：「你好好聽著，如果人們沒有做違背諾言的事，我是要等二十年後才回來。可是當你做出我最厭惡的不守諾言的事時，我就隨時會出現來找你。」

諾言之神說完，就硬拉著他往山上走去執行他的懲罰。

失信於人，既顯示出一個人的人格低下，品行不端，又是一種自我毀滅的愚蠢行為，這樣的人將來很難成就大事。《沒有信譽就沒有一切》的文章中說：「一個成熟的社會，一個有力量的社會，不但要考慮每一個人，而且還要為他們建立必要的檔案，這並不是要建立黑名單，而是能夠向相關人士證實你的可信度。」

我們可以設想一下，假如已經建立了這樣的檔案，只有講信用的人銀行才會貸款，商人才敢和你做生意，公司才會聘用你，他人才敢和你交朋友。反之，你在這個社會上就難以立足。因此，不論你採用何種方式，但守信、誠實仍是最根本的成功之道。

03 靠天靠地不如靠自己

滴自己的汗，吃自己的飯，自己的事自己幹。靠人靠天靠祖宗，不算是好漢。

鄭板橋曾經說：「滴自己的汗，吃自己的飯，自己的事自己幹，靠人靠天靠祖宗，不算是好漢。」可是，世上還有這樣一種人，總是存在極強的依靠心理——依靠拐杖走路，尤其是依靠別人的拐杖走路。其實，有這種想法是極不理智的，因為一個人最大的靠山應該是自己。

人們經常以為他們永遠會從別人不斷的幫助中獲益。然而力量是自發的，不依賴於他人。如果你坐在健身房裡讓別人替你練習，就無法增強自己肌肉的力量。沒有什麼比依靠他人更能破壞獨立自主的了。如果你依靠他人，你將永遠堅強不起來，也不會有獨創力。

愛默生說：「坐在舒適軟墊上人容易打瞌睡。」依靠他人，覺得總是會有人為我們做任何事，所以不必努力，這種想法對發揮自助自立和艱苦奮鬥精神是致命的障礙！

「一個身強體壯、虎背熊腰，體重七十公斤的年輕人竟然兩手插在口袋裡等著幫助，這無疑是世上最令人噁心的一幕。」你有沒有想過，你認識的人中有多少人只是在等待？其中很多人不知道等的是什麼，但他們在等某些東西。他們隱約覺得，會有什麼東西降臨，會有些好運氣，或是會有什麼機會降臨，或是會有某個人幫他們，這樣他們就可以在沒受過教育、沒有充分的準備和資金下為自己獲得一個良好的開端。

有些人在等著從父親、富有的叔叔或是某個遠親那裡弄到錢，有些人是在等運氣來幫他們一把。

我們從沒聽說某個習慣等候幫助、等著別人拉扯一把、等著別人的錢財或是等著運氣降臨的人能夠真正成就大事。只有拋棄身邊的每一根拐杖，破釜沉舟，依靠自己，才能贏得最後的勝利。

一家大公司的老闆曾說，他準備讓兒子先到另一家企業裡工作，讓他在那裡鍛鍊鍛鍊，吃吃苦頭。他不想讓兒子一開始就和自己在一起，因為他擔心兒子會總是依賴他，指望他的幫助。

在父親的溺愛和庇護下，想什麼時候來就什麼時候來，想什麼時候走就什麼時候走的孩子很少會有出息。只有自立精神才能給人力量與自信，只有依靠自己才能培養成就感和做事能力。

把孩子放在可以依靠父親或是可以指望獲得幫助的地方是非常危險的做法，在一個可以觸到底的淺水池是無法學會游泳的。而在一個很深的水域裡，孩子會學得更快、更好。當他無後路可退時，他就會安全地抵達河岸。依賴性強、貪圖安逸是人的天性，而只有「迫不得已」的形勢才能激發出我們身上最大的潛力。

待在家裡、總是得到父親幫助的孩子一般都沒有太大的出息，就是這個道理。而當他們不得不依靠自己，不得不動手去做，或是在蒙受了失敗之辱時，他們通常就能在很短的時間內發揮出驚人的能力來。

當你不再需要別人的援助自強自立之時，你就踏上了成功之路。一旦拋棄所有外來的幫助，你就會發揮出過去從未意識到的力量。

04 不要不該要的東西

一次教訓對聰明人來說，比蠢人受一百次鞭撻還深刻：貪的結果往往是自毀其身。

孟子曾說過這樣一段話：「不要我所不要的東西，不做我所不願做的事；求我所必求，為我所必為；當取則取，當捨則捨，如此而已。」在這裡，我們所不要的東西，即包括我們不必要的東西，也包括我們不該要的東西。不該要的東西堅決不要。小到公司辦公室的紙張、信封，我們不能順手牽羊；大到價值昂貴的金銀珠寶，我們不能占為己有。如果要了，慾壑難填，終有一天我們會一頭栽進萬劫不復的深淵。

有這樣一個寓言故事：

東海裡，海鱔和海龜是一對冤家對頭，牠們倆一直在明爭暗鬥，都渴望能獲得更高的位置和更大的權力。但是海龜比海鱔走運獲得提拔，而海鱔卻什麼也沒得到。

「怎樣才能陷害海龜，使海龜身敗名裂呢？」海鱔冥思苦想，終於想出一條計策。

於是，海鱔去拜見海龜，誠懇地說：「海龜大哥，過去我有對不起你的地方，是我錯了，你一定要原諒我呀！」

海龜見海鱔登門認錯，心下得意，擺出寬宏大量的樣子說：「沒什麼，過去的事情就別提了，咱們團結一致向前看。」

海鱔與海龜促膝長談，並積極為海龜出謀劃策，臨走時，非要留下點小禮品不可。海龜覺得也不能太不給海鱔面子，就收下了，反正海鱔也沒有提什麼要求。海鱔三不五時到海龜府上走動，每次都帶些小禮品，不輕不重，海龜漸漸地也就習以為常了。

有一天，海鱔對海龜說：「現在海蝦和海蟹在爭一片珊瑚礁為自己的居住地，海蝦跟我關係一向不錯，你看能不能幫海蝦說句話？」

這件事海龜是知道的，不是什麼大事，就替海鱔辦了。之後，海鱔拿了更多的禮品來感謝。

從此以後，海鱔求海龜辦的事也越來越多，當然禮品也越來越重，不知不覺中，超過原則的尺度也越來越大。

終於有一次，海鱔讓海龜辦件很危險的事，許諾事成之後必有重謝。海龜不肯，於是海鱔取出一本小冊子，上面記著海龜每次受賄的時間、事由等，各種人證俱全，這些足以毀掉海龜的前程，不得已，海龜答應再幫這一次忙，但是下不為例。然而，再也沒有「下一次」，很快地，海龜東窗事發，並且往後將在獄中度過餘生。

我們要了不該要的東西，我們有時用一輩子的時光也還不清欠下的人情債；我們要了不該要的東西，我們付出的代價可能是自由，甚至是生命。因此，不要不該要的東西，不是膽小怕事，不是愚蠢不開化，而是一種智慧，因為它能為你換來平安、快樂與幸福。

在社會上，一個人可以沒有文化，沒有能力，沒有財產和地位，但是，只要他具有純正而高潔的品格，就會贏得人們的尊重。

05 最終的結局取決於人的品質

在人的一生中，品格一直起著重要的作用，它對人生的影響幾乎無處不在。一個人本質的好壞、最終的結局都往往取決於人的品格。

一天下午，詹森和父親一起在院子裡工作。休息時，詹森環視著自家那十五英畝的土地，有小溪，有樹林，還有一片青青的草地。

「這地方真美！」他說，顯出一臉的沉思和迷戀。

於是，他父親就將這片土地的來歷告訴了詹森。

那是很久以前的事了。

那時候詹森還未出生，他的父母在一個小鎮上教書。當時他們很需要一塊地建房子。詹森的父母注意到在鎮西邊農民放牧牛群的那片土地，那是一位退休銀行家的土地。

他有許多土地，但一塊也不賣。這位銀行家總是說：

「我已對農民們許諾，讓他們在這片土地上放牧牛群。」

儘管如此，詹森的父母還是到銀行拜訪了他。這位銀行家依舊在銀行裡消磨他退休的歲月。我們走過一扇森嚴可畏的桃花心木製門，進入一間光線暗淡的辦公室。這位銀行家坐在一張辦公桌後面，看著《華爾街日報》。他幾乎沒有挪動一下，只從他那副眼鏡上方看著他們。

「不賣，」當父母把來意告訴這位銀行家時，他自豪地說：「我已經將這塊土地許諾給農民們放牧了。」

「我知道，」父母有點緊張不安地回答，「但是我們在這裡教書，也許你會賣給打算在這裡定居的人。」

他噘起嘴，瞪著眼看著他們，「你說你叫什麼名字？」

「比爾‧蓋瑟。」

「嗯！你認識格羅弗‧蓋瑟嗎？」

「是的，先生，他是我的父親。」

這位銀行家放下報紙，摘下眼鏡，然後他指了指身旁的兩把椅子。於是這對夫妻就坐下來。

「格羅弗曾經是我們銀行的員工。」他說，「他每天上班，到得早，走得晚，他把所有要做的事都做了，用不著任何吩咐。」老人探身向前。「如果有工作沒有做完，讓它擱著，他就覺得不好受。」銀行家瞇縫著眼，眼神中流露出遙遠、隱約的記憶。

「你說你要什麼，比爾？」

他們又將買地的意思對銀行家說了一遍。

「讓我想一想，你們過兩天再來。」

一週後詹森的父母又來到他的辦公室。

這位銀行家說，他已經考慮過了。

詹森的父親屏住氣息。

「四千美元怎麼樣？」他問。

「四千美元？」父親喉嚨裡彷彿梗塞著什麼。以每畝四千美元計，那他就得付出六萬美元，這不明擺著是拒絕嗎？

「不錯，十五英畝賣四千美元。」

詹森的父母無限感激地接受了。

將近三十年後，詹森和父親漫步在這片美麗的土地上。「兒子，」父親說：「這全都因為一個你從未見到過的人美好的聲譽。你爺爺慈祥、寬容、誠實和正直。」

這使詹森記起了一首詩：「我們要選擇的，是美好的聲譽，而不是財富；是愛的恩澤，而不是金銀財寶。」

美好的聲譽就是爺爺蓋瑟留給詹森父子的遺產，父親希望詹森將來在這片溫柔的土地上散步時，也將這個故事告訴他的後人。

由此不難看出，人們都喜歡和具有高貴品德的人交往。良好的品德就是影響力，就是力量，就是通行證，良好的品德可以幫助你獲得事業的成功，贏得友誼，獲得尊重與愛戴。

06 種的是什麼，收的也是什麼

就人性來說，惟一的嚮導，就是人的良心。就死後的名聲而言，惟一的盾牌，就是廉潔的行為和真摯的感情。

有一位富翁的妻子在生下孩子之後就去世了。於是，富翁請了一位管家來當兒子的保母，並且幫其料理其他的家務。

富翁的兒子在十五歲的時候突然生了一場大病，就這樣離開了人世。

這位富翁禁不住再度失去親人的打擊，過了不久，也因為過度悲傷而與世長辭了。

因為富翁沒有留下任何遺囑，所以其他的親戚在富翁過世後，就迫不及待平分了富翁的全部財產。

富翁所有值錢的財物都被親戚瓜分光了，只留下一幅掛在臥室裡的油畫，畫中人物是富翁的兒子。

年邁的管家家境並不好，可是她沒有像其他人一樣，處心積慮地去爭奪富翁的財產，她惟一想要的，只是這幅上面畫著她照顧了十五年的小主人的畫像。

屋子內的物品被分完了後，還是沒有人要這幅沒有用的畫，因此老管家很順利地把這幅畫帶回家。

老管家打算仔仔細細地把畫重新清理裝裱，因為她非常珍惜這幅畫帶給自己的回憶。

就在老管家將畫框拆開準備清理時，突然從畫像紙板的背面掉出一封信和一顆價值不菲的鑽石，讓老管家感到非常驚訝。

她打開信封，發現原來這就是富翁留下的遺囑。

在遺囑中，富翁寫著他要將自己最值錢的財富，送給那個願意珍惜他兒子畫像的人。

在生活中，我們很多人都習慣於伸出手向別人索取，卻從來就沒有想過要付出，他們甚至認為自己的索取是理所應當的。其實，生活是公平的，只有付出，才會有真正的收穫。

播下什麼樣的種子，就能收穫什麼樣的果實。付出真誠，就能收穫友誼；付出愛，就一定會得到愛的回報。

不要吝嗇自己的愛，只要付出了，生活就會眷顧你。

07 凡事耐煩

語云：「登山耐側路，踏雪耐危橋。」一「耐」字極有深意，如險惡之人情，坎坷之世道，若不以一耐字撐持過去，幾何不墮入榛莽坑塹哉！

有位政治人物在接受電視採訪時說過一句耐人尋味的話。

當記者問他在政壇上步步高升的秘密是什麼時，他不急不徐地回答說：「耐煩！」。他為什麼不提自身的條件，卻特別提到「耐煩」兩個字，是因為「耐煩」二字是做事之道。

事實上，要做好一件事，解決一個問題，最需要的是智慧、經驗，光憑這些還不夠嗎？為何還得「耐煩」呢？這是因為有智慧、經驗的人固然能做好事，也能解決問題，但如果沒有「耐煩」的本事，碰到事就不知從何下手。所以，一個人沒有「耐煩」，光有智慧和經驗還不能成就大事。

另外，「耐煩」是在和客觀環境比耐力，和競爭對手比耐力，你有

「耐心」，就不會輸。如果因為不耐煩而半途放棄，那你就先輸了。很多人之所以落後於他人，都是因為沒有耐力，而不是因為智慧不如人。

運動員在每個賽季開始之前都要進行長期艱苦的訓練。通過訓練，他們改進自己的不足之處，力求每天都能提高一步，這樣，到了比賽那天，他們才可能創造出好的成績。每個人成功也只能如此：付出代價。這個代價就是時間，就是耐煩和努力。

能耐煩一次，便能耐煩兩次。然而一般人處理事情時，總是急躁，總想以「最快的手段解決，」卻不知道「欲速則不達」。做人做事都要經得起時間的考驗，凡事「耐煩」，應該成為我們人生的第一要務。

08 正直是最低成本的做人方法

人的品格很重要，人無德行，就不會贏得什麼聲譽。

正直的品性是每一個人必備的美德，因為在生活中，僅有敏銳的頭腦是不夠的，更重要的是還要有正直的品性。小到一個部門，大到一個國家，人們真正需要的是後者。

做一個正直的人，是社會對每一個人最基本的要求。

一位推銷員每天按照老闆的吩咐對顧客介紹產品的優點，他自己都已經厭倦了這種工作方式。

一天，有顧客光臨，他在介紹產品優點的同時也開始介紹產品的缺點，顧客聽完後沒說什麼就走了。老闆知道這件事後非常生氣，決定解雇他。

正當這位推銷員帶著私人物品要走出門口的時候，原來的那位顧客又回來了，他身後還帶了一些人，這些人都準備買他的產品——他們是衝著這位推銷員來的，就因為推銷員是個正直的人。

由此不難看出，一個人能在所有時間裡欺騙一個人，也能在某一時間欺騙所有的人，但他不能在所有的時間裡欺騙所有的人。正直是一個人品德上的「通行證」。具備了正直的品性，便會在各個方面暢通無阻。

一位推銷員剛參加工作時在一家銷售牛乳替代品的乳清飲料公司工作，他曾是一名經銷商，業績達到全公司最高點，並擁有一個銷售站，但是由於公司部分領導人員缺乏正直及踏實的精神，導致整個公司崩潰瓦解。即使如此，他仍然學習到了許多寶貴的東西，如推銷商品的技巧以及如何與他人共事，而更重要的，他瞭解到如果一個人既無能力又缺乏正直的品格，他便非常容易失去已經擁有的東西。

正直意味著有高度的名譽感。在此需要提醒你的是，這裡指的不是聲譽，而是名譽。正如一位偉人曾經對美國建築學院師生們的講話說的：「這種名譽感指的是什麼呢？那好，什麼是一塊磚頭的名譽感呢？那就是一塊實實在在的磚頭；什麼是一塊木板的名譽呢？那就是一塊地地道道的、名副其實的木板；什麼是人的名譽呢？這就是要做一個正直的人。」

正直意味著具有道德感並且遵從自己的良知。馬丁・路德說：「去做任何違背良知的事，既談不上安全、穩妥，也談不上謹慎、明智。我堅持自己的立場，上帝會幫助我，我不能做其他的選擇。」

正直意味著自覺自願地服從。從某種意義上說，這是正直的核心，沒有誰能迫使你按高標準要求自己，也沒有誰能強迫你為工作獻身。同樣，沒有誰能勉強你服從自己的良知。然而，不管怎樣，一位正直的人是會做到這些的。

一個正直的人會在適當的時候做該做的事，即使沒有人看到或知道。比如正直的人即使在不便於講真話的時候，也不會做「小喇叭」散播或重複那些不切實際的流言飛語，不會把個人的消費記到公司的賬上等等。亞伯拉罕・林肯說得好：「正直並不是為了做該做的事而有的態度，正直是使人快速成功的有效方法。」

09 最本質的人性價值就是人的獨立性

學我者生，似我者死。

清代乾隆年間有兩個書法家，一個極認真地效仿古人，講究每一筆每一劃都要酷似某某，如某一橫要像蘇東坡，某一捺要像李太白。自然，一旦練到了這一步，他便頗為得意；另一個則正好相反，不僅苦苦地練，還要求每一筆每一劃都不同於古人，講究自然，直到練到了這一步，才覺得心裡頭踏實。

有一天，第一個書法家嘲諷第二個書法家說：「請問仁兄，您的字有哪一筆是古人的？」後者並不生氣，而是微笑地反問：「也請問仁兄一句，您的字，究竟哪一筆是您自己的？」第一個聽了，頓時張口結舌。

從創造學的觀點看，第一個書法家毫無出息，除了無止盡地重複別人，實在是一無所有，可憐之極；第二個書法家則孜孜不倦地鑽研，培養

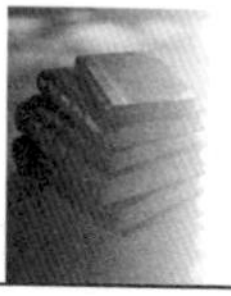

自己獨特的個性，做到了「我就是我！」

然而，很多人為了能給別人留下良好的印象，使別人欣賞、信任自己，便像第一個書法家一樣，完全放棄了自己的個性，而是一味去效仿他人。由於失去了獨立性，他們便常常改變自己的行為舉止、言談習慣、興趣愛好等等，以適應社交的需要，使對方對自己產生好感。其實，這種做法並不可取，它不僅使你失去了本來面目，而且在別人眼裡，你成了一個沒有個性，人云亦云，亦步亦趨，沒有獨立個性的人。

因此，最好的辦法是保持原有的個性和特質，塑造一個獨一無二的我。獨立性是最寶貴的。一個真正懂得與他人相處的人，絕不會因場合或事物的變化而放棄自己的內在特質，盲目地迎合別人。你要成為你自己，而不是別的什麼。

我們時常發現一些人總覺得自己本來的面目不如別人，於是隨著環境、事物的變化而不斷改變自己，形同一條「變色龍」，結果弄得自己面目全非。

保持自己的獨立性，做一個真實的自我，並不等於要使自己與別人格格不入或標新立異，甚至明明知道自己錯了或具有某種不良習慣而固執不改。

保持自己的獨立性，是保持自己區別於他人的獨特、健康的個性。

生活中那些具有獨立性的人，也是最有魅力的人。

10 做你自己

只有堅持做你自己，才是最重要的——不管是做一個平凡的人，還是做一個偉大的統治者。

當歐文・柏林第一次見到格什溫時，歐文・柏林已名聲卓著，而格希溫當時仍只是月薪四十五美元的窮青年作曲家。格希溫的才華令柏林印象深刻，柏林願出三倍的薪水請格什溫擔任其音樂秘書一職。

不過，柏林同時規勸格什溫：「你最好不要接受這份工作，因為這職務最多把你造就成一名二流的歐文・柏林。只要你堅持做你自己，終有一天，你會成為第一流的蓋希文。」

「做你自己。」這是作曲家歐文・柏林給喬治・格什溫的忠告，也是我們應該記住的忠告。

你知道人類最重要的特質是什麼嗎？不是執行的能力，不是偉大的心智，不是仁慈，不是勇氣，也不是幽默感。雖然這些都極為重要，我們認為，最重要的是做你自己——不管是做一個平凡的人，還是做一個偉人。

畢卡索說：「我母親告訴我：如果你想當軍人，就立志做大將；如果你想當神父，就立志當教皇；如果你要當議員，就立志做總統。但我卻成為一名畫家，而且還是畢卡索。」

記住：要永遠做你自己，切忌「邯鄲學步」，否則，不但沒學到他人的「精華」，反而還會失去自己獨有的「特質」。

做你自己，才不會亦步亦趨；做你自己，才不會盲從，才不會踩著別人的腳印走，才能保持自己獨特的個性，才不會被他人改造。

做你自己，並忠於你自己，這比什麼都重要。

11 承認人性中都有光明和黑暗的一面

人性好比種子，它既能長成香花，也可能長成毒草。人應當時時檢查，以培養前者而拔除後者。

霍爾巴赫關於人性曾有這樣的闡述：人，從本性上說既不善也不惡……那些為我們人類所固有的、為我們的本性所獨具的、作為有感覺的生物的特色的感情，歸結起來，全都是對安樂的嚮往，對於痛苦的畏懼……這些感情本身既不善，也不惡；既不可褒，也不可貶。當它們給我們帶來幸福以及我們同類的幸福時，它們就是可嘉的；當這些同樣的感情並不給我們帶來幸福，而使我們自己或者我們的同伴痛苦時，它們就是有害的、值得蔑視和憎恨。

換言之，無論品質多麼高尚的人，他的思想中總有黑暗的一面，只是這「黑暗」極為弱小，不至於影響一個人的成就罷了。同樣的道理，一個人即使在某一時刻表現出了「黑暗」的一面，我們也不應指責他，或是失望，因為在他的人性中也有光明的一面。

在生活中，承認自己和他人在人性中都有光明和黑暗一面的人，是有智慧的人，也是一個成功的人。

有一位叫法蘭克的年輕人，在大學時期和貧窮的保羅住在一起。保羅時常四處向同學借錢，以維持大學的生活費及學業。眼看保羅的負債越來越多，在某一個夜晚，保羅竟然不告而別，從此消失得無影無蹤。

那些上門要債的同學，便紛紛向法蘭克投訴，法蘭克估算了一下，保羅所欠的債竟然高達一千二百美元。這在當時是一筆很大的數目。同學們吵著要對保羅提出訴訟，但法蘭克竭盡全力地向他們解釋，他相信保羅一定會設法還清這些錢的。憑著法蘭克獨特的領導魅力，終於使這場風波平息下來。

十來年之後，在一次由法蘭克主持的同學會中，一個陌生人要求法蘭克給他五分鐘的時間說話。法蘭克好不容易才認出來，那名陌生人正是當年負債潛逃的保羅。

保羅對著所有的同學說，當年他欠下龐大的債務，怯懦地逃離校園之後，連家也不敢回，隨便地在一艘貨輪上，找到一個雜工的差事後，隨著貨輪跑遍了大半個地球。

後來貨輪在海上遇上海盜，海盜們將保羅洗劫一空，連衣服都拿走了。保羅惟一能留下的，只是一張紙片。隨後保羅輾轉到了瑞士，勉強繼續求學，成為一位教師，也結了婚，憑著窮教員的微薄薪水過著日子。

但保羅從未忘記他在大學裡欠下的債，他從少得可憐的薪水裡，每次省下一點點，存了十幾年，終於能夠回到美國。

保羅說到這裡，舉起他的雙手：「各位，請看看，我手中的這張紙片，就是我記錄當年欠債的明細紀錄。今天我來這裡，就是要還給你們我所欠下的債。」

在全場愕然的寂靜中，法蘭克走上前擁抱保羅：「我沒看錯你，你真的是好人！」所有同學也一一上前熱情地擁抱保羅。

將這個故事流傳出來的，正是法蘭克本人。法蘭克是他的暱稱，他的全名是佛蘭克林・羅斯福，美國第三十二任總統。

為人處世，應該像羅斯福總統一樣，承認人性中有光明和黑暗的一面，而且在面對他人做出玷污人格的行為時，還能堅持認為人性中有光明的一面，而且光明面最終會照亮黑暗。當你承認並且認清這一切時，你離「偉大」也就不遠了。

12 一個人切記不可放任自己

人的一生，總是有許多人際關係和事業上的不如意，這些不如意需要以智慧和耐心去解決，而不是靠你的任性和脾氣。

每個人生活在這個世上，都希望能「率性而為」，想哭就哭，想笑就笑，想生氣就生氣，想怎麼樣就怎麼樣，但果真能那樣嗎？除非世界上只剩下你一個人。

因為，你如果養成任性的缺點，那麼很多原本美好的事情就會被你的任性破壞；一段真誠的感情，也許就在你的草率中煙消雲散；每一次決策，都可能因為你的情緒而判斷失誤，如此，你的人生將是黯淡的，成功只能是一個遙遠的夢。

每個人都是有感情、有尊嚴的，都希望得到別人的肯定、尊重、支持和瞭解。而你的任性很容易傷害別人的自尊心。即使家人、朋友、同事能夠包容你，但客觀上你還是會傷害到他們，而這種傷害往往是最沒有價值的。一旦他們不能容忍，衝突和矛盾就產生了，感情很容易破裂。所以，一般那些不顧別人感受、不能控制自己情緒的人，人際關係都比較差。誰願意總是和情緒不穩的人待在一塊兒呢？所以，應該學會適時地調控自己的情緒，掌握好分寸，不可太任性。

約翰就是一位好發脾氣、遇事衝動的人。他心眼不壞，但脾氣說來就來，也不管對方是什麼樣的人，只要是他覺得不滿意的，牢騷的話就會脫口而出。一次，和他同一個小組的阿兵負責做了一份市場調查，其中有一組資料出現了錯誤，他們小組因此受到了公司的批評，而且公司還扣除了他們當月的獎金。約翰知道這件事後，怒氣衝衝地向主管說：「資料錯了，應該由馬克一個人負責，你憑什麼扣除我們的獎金？我要去找總經理！為自己討回公道。」說完，他把手裡的一份報紙狠狠地甩到了地上。

然而，出人意料地，第二天一上班，約翰就接到了公司的解雇書。毫無疑問，約翰之所以被「炒魷魚」，與他衝動、任性有直接的關係。因為他從來就不知道主動去控制自己的情緒，對一切事都任性而為，想怎麼樣就怎麼樣。但是，他卻為自己的任性付出了沉重的代價。

由此可見，任性賭氣就是對自己不負責任，所以，我們又何苦為之呢？

13 儘量避免或減少薄弱環節的影響

一個人有缺點並不可怕，可怕的是他不知道如何改正缺點，或者是弱化缺點，以至於讓自己葬送在微小的缺點裏。

眾所周知，一條鐵鏈的堅固程度並不取決於鏈條上最堅硬的那一環，而恰恰是最薄弱的那一環。只有鏈條上的所有環節都夠堅固，這條鐵鏈才有足夠的強度。如果有一節是薄弱的，那麼這條鐵鏈就無法承受足夠的重量而斷裂。因此，要想加強鐵鏈的堅固度，就應該設法加強最薄弱環節的堅固度，這是最有效的途徑也是惟一的途徑。

然而，鐵鏈中「最薄弱的環節」也是構成整個鏈條的一部分，還是有作用的，只不過比其他部分稍差一些。我們不能因此而把它扔掉，而是應該加以強化。

其實，我們自身的弱點就如同鐵鏈中最薄弱的環節，要想完全克服也是不可能的。因此，保護它，淡化它才是重要的。

傳說中，阿基里斯是希臘神話最偉大的英雄之一。

阿基里斯的母親是一位女神，在他降生之初，母親為了使他長生不死，所向無敵，便將他浸入冥河洗禮。從此，阿基里斯刀槍不入，百毒不侵，更不怕雷擊火燒，只有一點除外——他的腳踝，因為被提在女神手裡，未能浸入冥河。於是，「阿基里斯之踵」就成了這位英雄的惟一弱點。

在漫長的特洛伊戰爭中，阿基里斯一直是希臘最勇敢的將領。他所向披靡，任何敵人見了他都會望風而逃。

但是，再強大的英雄也有弱點。在十年戰爭快結束時，敵方的將領阿里斯在眾神的示意下，抓住了阿基里斯的弱點，一箭射中他的腳踝。最終，阿基里斯不治而亡。

假如阿基里斯懂得保護自己的腳踵，就不會落得如此下場。「阿基里斯之踵」和鐵鏈上「最薄弱的環節」，都是我們的弱點。因此，不論你如何聰明，都應該保護好自己的弱點或不把弱點暴露給他人。

一根鏈條，無論材質如何，總會有一節比其他的環節薄弱一些，儘管它有可能比另一根鏈條中的任何環節都強。因此，強弱只是相對而言的，不過，這種強弱我們幾乎無法消除。

但是，當這種弱點影響了我們的個人發展時，我們就應該重視它，並且採取一些措施，以避免或減少薄弱環節的影響。

14 比天空更寬闊的是人的胸懷

只要你不計較得失，人生還有什麼不能想法子克服？

雨果說：「世界上最寬闊的是海洋，比海洋更寬闊的是天空，比天空更寬闊的是人的胸懷。」生活中那些心胸豁達、積極思維的人是不會把時間、精力花在令人煩惱的瑣碎小事上，因為這會使他們偏離主要的目標和重要的事情。如果一個人對一件無足輕重的小事情做出強烈的反應，小題大做，不但會破壞他人的幸福生活，同時也會給自己帶來災難。

瑞典於一六五四年與波蘭開戰，原因是瑞典國王發現在一份官方文書中他的名字前面只有兩個頭銜，而波蘭國王的名字後面卻有三個；大約在九百年前，一場蹂躪了整個歐洲的戰爭竟然是因為摩德納與波洛尼亞這兩個義大利城市的人為爭奪一個打井水的木桶而爆發的；因為不小心把一個玻璃杯裡的水濺在了托萊侯爵的頭上，就導致了一場英法大戰；

因為一個小男孩向格魯伊斯公爵扔鵝卵石，就導致了瓦西大屠殺和三十年的戰爭。

仔細想一下，現實生活中類似這樣的事情還真是不少。當然，正面的例子也不勝枚舉：遠的有印度「聖雄」甘地。近的有南非前總統納爾遜・曼德拉。由於領導南非人民爭取平等的權利，曼德拉被南非白人政權監禁了二十七年之久，直至一九九〇年於七十二歲高齡時出獄。出獄後，曼德拉沒有怨天尤人，並拒絕對白人採取報復行為，而是堅持與白人一起建立新南非。現在南非黑人可以在任何地方居住、工作，可以自由地追逐夢想。正是由於曼德拉犧牲了生命中的大部分時間才有了這些成果。在擔任了南非國大副主席後，他與當時的白人政府總統德克勒克合作，終於於一九九一年徹底結束了南非的種族隔離制度，他們二人也因此獲得了當年度的諾貝爾和平獎。

生活原本就是這樣，每天都在發生有形無形的「戰爭」。說起來芝麻綠豆、雞毛蒜皮，說多了還真叫人笑話。然而，每個人每天都在生活的粗俗和瑣屑之中承受著考驗。事實上，許多時候，將人們擊垮的並不是那些看似滅頂之災的挑戰，而是一些微不足道的雞毛蒜皮小事。人們的大部分時間和精力無休止地消耗在這些「雞毛蒜皮」之中，最終讓大部分人一生一事無成。生活要求人們不斷地清點自己，整理自己，看看自己每天忙忙碌碌中，到底哪些是重要的，是必要的，哪些是不重要的，或是無須費心的。然後，果斷地將那些無益的事情統統拋掉，不要再去理會。

在現代社會，雖然我們每個人不大可能因為一點小事而發動一場戰爭，但我們肯定能因為一些小事而使自己及周圍的人不愉快。如果一個人總是以敵視的眼光看人，對周圍的人戒備森嚴，心胸窄小，處處設防，不能寬大為懷，必然會因孤獨而陷於憂鬱和痛苦之中；而寬宏大量，與人為善，寬容待人，能主動為他人著想，肯關心和幫助別人的人，則討人喜歡，被人接納，受人尊重，具有魅力，因而能更深地體驗成功所帶來的喜悅。

15 與其討好大家，不如做好自己

我不很在乎我在別人心目中是如何，而是更在乎我在自己的心目中的形象。

有位哲人曾說：「做自己最重要。」德國哲學家叔本華也指出，盲目模仿別人會使我們喪失大部分自我，而我們之所以這麼做，原因之一是想討好每個人。渴望得到尊重與認可本是人之天性，所以問題並不在於希望獲得某些朋友的尊重與認可，而是我們企圖討好周遭每個人。

在生活中，許多人寧可浪費大量時間和精力去討好別人，卻不關心自己的期望、計畫和夢想。其實，鮮花、掌聲、恭維、讚美等等都是額外的獎賞，不是生活的必需品。

事實上，你不可能獲得每個人的喜愛與贊同。自信的人都具備一項重要特質：願意接受反面或否定的意見。得不到某些人的欣賞是在所難免的，不論你的人緣有多好，別人有時還是不會同意你的想法。你不可能時時刻刻討好所有人或某個人，有些人卻可以無時無刻不在反對你。

卓別林開始拍電影的時候，電影導演都堅持要卓別林去學當時有名的一個德國喜劇演員，可是卓別林直到創造出一套自己的表演方法之後，才開始成名。鮑勃．霍伯也有相同的經驗。他多年來一直在演歌舞片，結果毫無成績，一直到他發現自己說笑話的本事之後，才出名。

瑪麗．瑪格麗特．麥克布蕾剛剛進入廣播界的時候，想做一個愛爾蘭喜劇演員，結果失敗了。後來她發揮了她的本色，做一個從密蘇里州來的、很平凡的鄉下女孩子，結果成為紐約最受歡迎的廣播明星。

金．奧特雷剛出道的時候，想要改掉他德州的口音，於是表現得像個城裡的紳士，並且自稱是紐約人，結果大家只在他背後笑話他。後來他開始彈五弦琴，唱西部歌曲，開始了他那輝煌的演藝生涯，成為在電影和廣播兩方面最有名的西部歌星。

你在這個世界上是獨一無二的，應該為這一點而慶幸，應該盡量利用大自然所賦予你的一切天賦。歸根究柢，所有的藝術都帶著一些自傳性質，你只能唱你自己的歌，只能畫你自己的畫，只能做一個由你的經驗、環境和家庭所造就的你。不論好壞，你都為自己創造一個小花園；不論好壞，你都得在生命的交響樂中演奏你自己的樂曲。

下次，當你想討好他人時，就先檢討一下自己的動機，好好面對渴望充當好人的心態。企圖討好大家，往往最終得不到任何人的欣賞。生活當中，我們做事不必迎合他人的喜好，也不必全看別人的眼色行事。認為這樣做是對的，就應該堅持地做下去，否則，對的也會變成錯的。

只要相信自己做了該做的事，就會覺得他人的看法無足輕重，自己絲毫不受影響。在追求更高的人生目標時，必須決定哪些事情是你看重的。要做好自己，就要克服盲從的習慣，更要克服企圖討好大家的心態，你這樣做了，可能獲得更好的人緣。

在此，建議你記住愛默生在他那篇《論自信》的散文裡所說的話：「在每個人的教育過程中，他一定會在某個時期發現，羨慕就是無知，模彷就是自殺。不論好壞，他必須保持本色。雖然廣大的宇宙之間充滿了好的東西，可是除非他耕作那塊屬於他耕作的土地，否則他絕得不到好的收成。他所擁有的能力是自然界獨一無二的能力，除了他之外沒有人知道他能做些什麼，他知道些什麼，而這都是他必須去嘗試求取的。」

16 不與氣盛之人爭是非

當一個人能改變自己的脾氣時，自然能化解周圍沉悶的氣氛。如果想化暴戾為祥和，應該先從自己做起。

「喂，你沒長眼睛啊！踩到我的腳了！」一個人大吼道。

「踩了又怎麼樣？不踩白不踩！」另一個的嗓門更高。

「混蛋！我要你為自己這句話付出代價！」緊接著就是一陣劈里啪啦的撕打聲。

在擁擠的公車上，早晨的菜市場上，可能經常碰到這樣的一幕。有時，諸如此類的話也許就是從你的口中吐出。而當事雙方之所以都扯著嗓子大喊大叫，是因為他們都認為說話越大聲越能顯得理直氣壯，越是低聲下氣就會吃虧。

特別是雙方發生爭吵時，為了向別人證明自己有理，或是為了給自己壯膽，因此不管對與錯，總習慣先聲奪人，給對方來個「下馬威」。然而問題是：先發制人就能化解糾紛嗎？答案當然是否定的。不過，雖然無法解決問題，但大多數人卻是樂此不疲。

究其原因，是因為很多人相信使用咄咄逼人的方式，會達到恫嚇和威脅的效果。他們是想以命令、強迫的態度來取得想要的東西，從而迫使對方沒有能力反抗，最終屈服在自己的權威之下。

那些喜歡用侵略手段來攻擊對方的人，很少會將別人的權益放在眼裡，而這種於心不甘的現象最常出現在車禍現場。也許雙方的車子只是不小心的小擦撞，但攻擊性強的一方總會立刻迫不及待地下車察看，而開口第一句話就是：「你沒長眼睛啊，你會不會開車，你打算怎麼賠？」

這些人認為先開口先贏，而且說話越大聲表示自己越沒有錯，這樣才能讓對方不戰而退，當然手邊不忘握著一個什麼東西以助長自己的氣勢。

如果遇到不願招惹麻煩的人，也許道個歉或賠錢了事，自認倒楣就算了；萬一對方也是個中高手，雙方除了拼誰的嗓門大之外，可能少不了拳腳相向，拚個你死我活，否則絕不會善罷甘休。

曾經有兩名計程車司機，同時為了搶前方的乘客差點相撞，幸好雙方及時踩住？車才沒有造成嚴重的損傷。不過，由於兩人都不服氣對方搶自己的客人，於是下車大聲理論，結果雙方你一言我一語，怒目相視，嚇得那名乘客趕緊逃離現場。

但是，事情並未就此結束。雙方越爭越生氣，隨著怒氣的上升，連手腳都按捺不住，兩人扭打成一團，直到警察來了才將兩人拉開。但此時兩人早已傷痕纍纍。

為了區區小事而鬧得拳腳相向，這種人比比皆是，雖然暫時為自己爭得某些利益，表面上好像贏得面子，其實卻是輸了裡子，無形中得罪多少人而不自知。

有句哲言說：「天下的事，佔不得便宜；有了佔便宜的貪心，便有不便宜的懊悔。」

也就是說：「處處想佔別人便宜，到頭來吃虧的總是自己，因為別人不是傻瓜，遲早會看清你的真面目。更何況你可以一兩次得逞，不代表一輩子都能得逞，所以何必浪費力氣呢？而且，爭吵過後，你的損傷往往會很大，再後悔也來不及了。」

實實在在地做人，誠懇待人，沒有什麼好計較與爭執的。當然，遇到不合理的事，我們不必委曲求全，該挺身而出時就勇敢地站出來，不用害怕對方的威脅，因為公理永遠站在對的這一方。

理虧的人，即使聲音再大也不代表他是對的。

記住：當下次發生爭執時，多用理智和成熟的態度面對，但必須掌握一個原則：不與氣盛之人爭是非，否則會兩敗俱傷。或者即使你表面上贏了，實際上卻吃了暗虧。因此，少些爭執，自己就會多一分快樂，多一分平安。

17 為人不可太挑剔

自己的思想越卑劣，就越發要挑剔別人的錯。

當你用寬容的心態去看待事物時，總會看到美好的一面；用挑剔的眼光去看待時，即使再完美的事物在你眼裡恐怕也是殘缺的。

一位客人在餐廳點菜時說：「我要兩個煎蛋，一個要嫩得蛋黃會流出來，一個要老得像橡皮；牛排煎好後要放涼了，麵包要烤得又脆又黑，刀叉一碰就碎；咖啡越淡越好，要半冷半熱的……」

侍者有點為難：「先生，這些東西做起來可能有點困難。」

「不會吧，」客人說，「這是我的飲食習慣，我希望你們按我的要求去做。」

看完這個故事後，你肯定會說：「這個人太挑剔了！」

的確，他是太挑剔了，然而，在生活中這樣的人卻不少，他們什麼也看不慣，看什麼都覺得不順眼，因此，總是把自己和別人的心情弄得很糟糕。

路邊開滿了帶刺的薔薇花，兩個年輕人從路旁經過。第一個年輕人感慨萬千，歎了口氣：「我的天呀！花中竟然有刺。」第二個年輕人卻眼睛一亮：「不，應當說刺中有花。」「刺中有花」，這無疑是一種偉大的發現。

用不同的心態看問題，你看到的就是事物不同的兩面。看人也如此，每個人都有缺點，但除此之外，也有長處與優點。正確的心態應該是看到他人優秀的本質。正如一位哲人所言：「應該多看到他人的優點，必須儘量發掘他人的長處，用一分心思去挑剔缺點。」

挑剔者總是以非黑即白的眼光看世界，在這些人中，世界非白即黑，他們相信，一切事物都應該有標準，可以客觀地評定優劣。挑剔者總是覺得在捍衛信念、堅持原則，但是，這些原則，別人可能完全不以為然。

工作中，挑剔者總是習慣於挑「刺」，他們自己無法做到十全十美，卻要求別人盡善美。他們有一種用他人的錯誤或缺點來證明自己的聰明的心理，總是希望從挑剔之中得到滿足。另外，挑剔者總是要求別人做得多，高標準、嚴要求。他們要求別人個個都是天才，做得「更多、更快，更好」。結果，同事們紛紛「避而遠之」。

挑剔者對家人與朋友總是忙著為自己辯護或挑剔對方的缺點，總是看對方不順眼，稍有不如意便抱怨滿天飛，最終彼此之間相愛的感覺及親密的關係自然會衰退，導致自己與家人和朋友間形成「楚河漢界」。

金無足赤，人無完人，不要總是以過分挑剔的眼光看待別人與自己。其實，生活中有美好的一面值得去體會，去讚美。要知道，如果你愛散佈惡意傷人的話，就不會有人相信你了；你挑剔別人，別人也會挑剔你。

試想，如果我們總是戴著「挑剔」的放大鏡與顯微鏡生活，就會對什麼都看不順眼，恐怕連朋友都容不下，什麼事都做不成了。如果我們能改變態度，少些挑剔，多些讚美，對自己對別人都是大有好處的。

18 自制才能制人

就人本身而言，最重要與最重大的勝利是征服自己，而最可恥和最可鄙的莫過於被自己的私欲所征服。

自制是一切美德之本，如果一個人屈服於衝動和激情，他就立刻放棄了道德上的自由。自制才能制服別人，能制服自己的人才是真正的勝利者。

年輕時的洛克菲勒因脾氣火爆，經常不能自制，因而得罪了許多人，以至於有很多人不願和他有生意上的往來。後來因為身體等多方面的原因使他徹底悔悟，從此他成了一個非常懂得容忍、謙讓、善於自制的人。

洛克菲勒在某案件中受審時，因為在面對對方的詢問時持平和的態度和不動聲色的答覆，使他贏得了這場官司。那個提問的律師因為無法控制自己的情緒，因而很不冷靜。如果洛克菲勒也發怒，本來也是人之常情，不過他在法庭上很冷靜，很理智，最後打贏了官司。

「洛克菲勒先生，我要你把某日我寫給你的那封信拿出來！」那位律師用一種很粗暴的態度說。這封信是質問關於美孚石油公司的許多事情，然而這些事那個律師在法庭上並無權質問。

「洛克菲勒先生，這封信你收到了嗎？」法官問。

「我想是的，法官。」

「你回那封信了嗎？」

「我想我沒有。」

然後律師又拿了許多別的信出來。

「洛克菲勒先生，你說這些信你都收到了嗎？」

「我想是的，法官。」

「你說你沒有回覆那些信嗎？」

「我想我沒有，法官。」

「你為何不回覆那些信呢？你認識我，不是嗎？」那律師問。

「啊，當然！我從前是認識你的！」

洛克菲勒所答覆的這句話如此明顯，以致那律師氣得差不多要發瘋了。法庭靜得毫無聲息。而洛克菲勒坐在那裡絲毫不移動一下。

不要因為別人發怒便怒不可遏。要知道那正是你應當平和的時候。因此，一個不能自制的人，常常不是被別人打敗，而是自己打敗了自己；而保持平和之人，則能因冷靜與和氣而立於不敗之地。

如果一個人無法控制自我，就幾乎失去了一切東西。沒有自制就沒有耐心，就沒有管理自己的能力，他就無以自恃，也就沒有力量和剛正不阿的膽識。

許多人對感情沒有控制，他們放縱欲望，任性而無節制，悲哀與歡樂皆無度。有節制的人不為情緒左右；他不會失之過多，他堅定的意志戰勝消沉，不為一時的高興而使精神失去平衡，因為狂喜與絕望同樣使人陷入不幸：脾氣應服從於理性和良知。許多人都以性情急躁為藉口，原諒自己做的錯事或傻事。但能夠主宰自己的人卻控制脾氣，變激情為作善而不是作惡的動力。被控制的脾氣是一種重要的力量，對其加以明智的協調，它會成為推動工作的能量，就像蒸汽機的熱力轉化成推動車輪的力量一樣。

19 勿以善小而不為

任何人出於他的善心，說一句有益的話，發出一次愉快的笑，或者為別人鏟平不平的道路，這樣的人就會感到他的歡欣是他自身極其親密的部分，以致使他終身追求這種歡欣。

弗萊明是一個窮苦的蘇格蘭農夫。有一天，他在田裡工作時，聽到附近泥沼裡有人發出求救的哭喊聲，於是他放下農具，跑到泥沼邊，發現一個小孩掉到糞池裡，於是弗萊明把這個小孩從死亡邊緣救了出來。

隔天，有一輛嶄新的馬車停在農夫家，車裡走出來一位優雅的紳士，他自我介紹是那被救小孩的父親。紳士說：「我要報答你，你救了我小孩的生命。」

農夫說：「我不能因救你的小孩而接受報酬。」

就在這時，農夫的兒子走進茅屋，紳士問：「是你的兒子嗎？」

農夫很驕傲地回答說：「是。」

紳士說：「我們訂個協議，讓我帶走他，並讓他接受良好的教育。假如這孩子像他父親一樣，他將來一定會成為一位令你驕傲的人。」

農夫答應了。

後來農夫的小孩從聖瑪利亞醫學院畢業，並成為舉世聞名的弗萊明・亞歷山大爵士，也就是青黴素的發明者。他在一九四四年受封騎士爵位，並且得到諾貝爾獎。

數年後，紳士的兒子染上肺炎，是什麼救活了他呢？是青黴素。那紳士是誰呢？是上議院議員邱吉爾。他的兒子是誰？是英國政治家邱吉爾爵士。

也許這位農夫自己也沒有想到，他的舉手之勞，他的一點點善良，竟然給自己和世界帶來如此巨大的變化。

公車上，很多寫著「博愛座」的座位上，卻心安理得地坐著一些身強力壯者，而那些真正需要被關照的人，卻顫巍巍地擠在車廂裡。也許，這些坐著的人之所以心安理得，是因為他們沒有意識到，搶佔「專用」

座位不應該屬於「惡」的行徑吧！

其實，「善」與「惡」都不分大小，當海嘯給印尼、泰國、斯里蘭卡、印度等國造成巨大災難時，許多人都伸出了援助之手，為那些無家可歸者捐出自己的積蓄，這是一種善舉；在公車上讓座給他人，這也是一種善；那些目無國法，殘暴地傷害他人性命的行為是惡，隨意亂扔垃圾的行為也是惡……

在生活中，人們常因小惡而放縱自己，任意為之，卻不知，哪怕是最小的惡，對他人也是一種侵害。而且小惡做多了，也會釀成大禍害。如果不及時改正自己的不良行為，任小惡恣肆而為時，你最終會為自己的小惡付出慘痛的代價。

因此，行善棄惡要從身邊的點滴小事做起，就像故事中的那位農夫，哪怕是舉手之勞；也要戒除一切惡的行為，哪怕是只拔了別人牆頭一根釘子的行為，也應該堅決不為。

20 為他人著想，也就是為自己鋪路

成功守則裡最偉大的一條規則是：為他人著想。

有位哲人曾說：「生活就像山谷回聲，你付出什麼，就得到什麼；你耕種什麼，就收穫什麼；幫助他人就是強大自己，幫助他人也就是幫助自己。」

小時候聽過這樣一個故事：

在一個寒冷的冬天，一個賣燒餅的和一個賣被子的同到一座破廟中躲避風雪。

天色很晚了，破廟外寒風怒號，大雪紛飛。這時，賣燒餅的被凍得渾身哆嗦，賣被子的則饑腸轆轆，但他們都相信對方一定會有求於自己，所以誰也不肯先開口求助於對方。

過了一會兒，賣燒餅的大聲說道：「吃一個燒餅。」

賣被子的也大聲說：「蓋上一條被子。」

又過了一會兒，賣燒餅的又大聲說：「再吃一個燒餅。」

賣被子的也照樣說：「再蓋上一條被子。」

就這樣，賣燒餅的一個接著一個地吃燒餅，賣被子的一條接著一條地蓋被子，誰也不願先開口向對方求助。

到最後，賣燒餅的人凍死了，賣被子的人餓死了。

人若敬我，我便敬人；人若愛我，我便愛人；人若求我，我便求人；人若予我，我便予人。賣燒餅的和賣被子的所奉行的就是這樣一種人生哲學。所以，他們雖然守著燒餅和被子，卻最終沒有逃過死亡的命運。其實，他們之中，只要有一人先走出第一步，先給別人，也就解決了自己的溫飽。

樂於助人是人類應有的美德。盡自己所能幫助別人，在解決別人的問題之後，同時自己的問題也隨之解決。實際上，你在幫助他人的同時，也是在幫助自己。

事實上，一個人應該明白，別人得到的並非是你自己失去的。一些人的頭腦裡總是有這樣的觀念，認為要幫助別人自己就要有所犧牲，別人得到了自己就一定會失去。比如你幫助別人提了東西，你就可能耗費了自己的體力，耽誤時間。其實很多時候幫助別人，並不就意味著自己吃虧。如果你幫助其他人獲得他們需要的東西，你可能也會因此而得到自己想要的東西，而且你幫助的人越多，你得到的也就越多。

任何一種真誠而博大的愛都會在現實中得到應有的回報。付出你的愛，給別人力所能及的幫助，你的人生之路將多坦途，少險阻。

為他人著想，也就是為自己鋪路，適時地伸出你的手，在拉別人一把的同時也能拉自己一把。

21 要施恩給那些故意與你為難的人

一個不肯原諒別人的人，就是不給自己留餘地，因為每一個人都有犯錯而需要別人原諒的時候。

在不影響做人原則的前提下，以德報怨的行為，會使任何「敵人」失去攻擊的立場。如果他無視你的善意而依舊攻擊你，必招致他人的譴責。而以德報怨是一種高明的處世之道，寬容別人一次，便會為自己打開一道友誼的大門。

傑克是一位布商，最近由於一位對手的競爭陷入困境。對方在他的經銷區域內定期走訪印染廠與客戶，告訴他們傑克的公司不可靠，他的布品質不好，尺數不足，生意也面臨即將停業的境地。傑克知道這件事後，非常憤怒，想找個機會報復一下這位對手。

有一天，傑克聽了一位牧師的講道，主題是：要施恩給那些故意跟你為難的人。傑克告訴牧師，就在上個星期五，他的競爭者使他失去了一份三十萬匹布的訂單，但是，牧師卻教他要以德報怨，化敵為友，而且他舉了很多例子來證明自己的理論。

當天下午，傑克在安排下週的行程表時，發現住在華盛頓的一位顧客正要為員工訂製新工作服而需要一批布。可是他所指定的布料卻不是傑克的公司所能製造供應的，卻與傑克的競爭對手出售的產品很相似。同時傑克也確信那位造謠生事的競爭者完全不知道有這筆生意的機會。

這使傑克感到為難，如果遵從牧師的忠告，他覺得自己應該告訴對手這筆生意的機會，並且祝他好運。但是如果按照自己的本意，他只希望對手永遠也沒有生意。

傑克內心掙扎了一段時間，最後，也許是因為很想證實牧師是錯的，於是傑克拿起電話打給競爭者。

傑克很有禮貌地直接告訴他有關華盛頓的那筆生意機會，愛亂說話的對手難堪得一句話都說不出來。但是，他很感激傑克的幫忙。傑克又答應打電話給那位住在華盛頓的客戶，推薦由對手來承攬這筆訂單。

後來，傑克得到非常驚人的結果，對手不但停止散佈有關他的謠言，甚至還把自己無法處理的一些生意轉給傑克做。現在，他們已經成為好朋友了。

在哈佛大學商學院的必修課程中，有一部分專門研究非智力因素對一個人成功的影響。在這些非智力因素中，他們極為強調寬容，突顯寬容對一個優秀的經理人和一個成功者所具有的價值。寬容是做人的美德，當你用恩惠代替仇恨，用愛代替抱怨時，就能減少人與人之間的隔閡，可以讓大家更好地溝通，彼此多一些體貼和關懷。

22 不做不明不白的事

在每做一件事之前，都清楚其目的，然後再採取什麼樣的行動，是最理智的行為。

不管你是聰明人還是糊塗人，但在接受他人為你做一件事情時，一定先要弄清楚事情的起因和對方的意圖。特別是在對方給予你某些「好處」時，更應該慎重。要仔細思量，千萬不要被某些利益所誘惑，否則，你所付出的代價將遠遠大於你所得到的。

喬治小時候住在華盛頓州。

一天，喬治在一家雜貨店裡看到一只手錶，這只錶的價格是一美元。由於他當時沒有錢，而且也不可能很快就籌到這筆錢。於是，喬治問店主能不能先把這只錶賣給自己，以後再分期付給店主錢。店主同意了。

第二天，店主偶然對他父親提起了這件事，父親堅決反對喬治的這種做法。在他的眼裡，喬治利用了別人的信任。他把錢付給店主後，馬上回家找到喬治。

「難道你不明白嗎？」父親說，「你想買一只手錶是無可厚非，但是你完全不明白該怎樣還這筆錢。儘管這裡面沒有撒謊和欺騙，可是在這個事情上你顯得太輕率了。喬治，你應該注意：不明不白地處理事情，結果會把事情弄得一塌糊塗。」

父親把手錶拿走了，直到喬治能夠還這筆錢，才能從他那兒把手錶買回去。

多年來，喬治一直牢記著父親的教誨。現在作為新聞評論員，他始終警惕著不明不白的事情。對半真半假的報導避而遠之，對聽來很真實卻又有聲有色的故事置若罔聞。

一次，一些房地產開發商願意贈給喬治一大塊土地，他們沒有建議喬治在廣播中談論他們的資產，只是讓喬治報導自己在他們的地區擁有土地。但是，喬治認為這是一件不明不白的事情，所以拒絕接受他們贈給自己的土地。

「不做不明不白的事，不拿不明不白的東西」。當父親教育喬治要避免模稜兩可的事情時，他就是這樣想的。

23 尊重所有值得尊重的人

任何人都有活著的理由，存在的價值，即使是卑微的人也希望受到別人的尊敬。

俗話說：「種瓜得瓜，種豆得豆。」把這條哲理運用到社會交往中，可以說，你處處尊重別人，得到的回報就是別人處處尊重你。尊重所有值得尊重的人，其實就是尊重你自己。

赫爾的生意很興隆。由於業務發展的需要，他想買一間市區的房子。他相中一間很合適的房屋，然而這間房屋的產權人是一位頑固的老太太。赫爾來來去去跑了幾十趟，老太太只是說「祖業不肯棄」，因此沒法與他談成交易。儘管如此，赫爾還是不死心，一有空就跑去跟老太太交涉，懇求一番。

在一個大風雪的日子，赫爾像往常一樣到老太太的住處去拜訪，商量他們的老問題。第二天，這位老太太卻很意外地出現在赫爾的辦公室，臉上浮現出從未有過的愉悅。

赫爾非常客氣地請她進屋，老太太說：「赫爾先生，我今天來，本來是要徹底拒絕你的要求的，但剛剛發生了一些事，使我改變了主意。」赫爾聽她這麼一說，不知道究竟發生了什麼重大的事情，滿腹狐疑。

「赫爾先生，那座房子我同意先租兩間給你用。」老太太繼續說道，赫爾聽後又驚又喜。

原來，老太太出門後，換了好幾趟車才趕到赫爾的公司。途中她曾多次向人問路，年邁的身體受了一番顛簸，因此鐵了心要嚴厲地拒絕赫爾，不允許他再打擾自己。可是到達這裡後，一位女職員熱情接待了她，看她的鞋和褲子都被泥水弄得髒兮兮的，不僅不嫌棄，還拿來一雙棉拖鞋請老太太穿，並遞上一條乾淨的毛巾請老太太擦拭，然後還把她扶上了樓。這位女職員對老太太的態度，就像女兒照顧母親一般體貼、溫暖，使得老太太感動不已。後來，老太太瞭解到這位女職員正是赫爾的妻子，更是深為感動，以至立刻改變了主意。

赫爾多次奔走卻得不到老太太的答應，而今天妻子對陌生人的真誠關懷與體貼扭轉了局面，使得「頑石」終於點頭，這使赫爾沉思了良久，反省起自己平時的言行來。

尊重、關心、體貼他人的善心，有時能發揮不可思議的作用，在與別人相處時，要時時處處多給別人一些尊重和關愛，這會帶給你許多意想不到的驚喜。

24 與其征服，不如讓對手信服

良好的品德是征服一切的前提。美德與罪惡，道德上的善與惡，都是對社會有利或有害的行為；在任何地點，任何時代，為公益做出最大犧牲的人，都是人們會稱為最有道德的人。

「欣賞對手，尊重對手，用品格去感化對手。」這是任何一個睿智的決策者在對手面前應該首選的策略。因此與其用武力征服對手，不如讓對手信服，主動稱臣。

三國時期的諸葛亮認為：「最好的辦法是攻佔人心，而非城池；心戰為上，兵戰為下，贏得人心是最關鍵的。」

在一次與南蠻的交戰中，諸葛亮設下陷阱，擄獲了孟獲大部分的軍隊，孟獲本人也被俘虜。然而諸葛亮沒有懲罰或處死他們，而是以食物和美酒款待，蠻兵眼含熱淚，感謝諸葛亮對他們的恩惠。

諸葛亮對孟獲說：「如果我放了你，你會怎麼做？」孟獲回答：「我會再度召集軍隊，與你決一死戰；如果你再度俘獲我，我就會臣服。」於是，諸葛亮就將孟獲放走了。

孟獲果如其言，再度攻擊蜀軍。但是其部下受到諸葛亮的善待，反戈一擊，把他綁住交給諸葛亮。諸葛亮再度詢問孟獲相同的問題，孟獲回答：「我不是在公平決戰下被打敗的，而是因為手下背叛，所以我會與你再決勝負．如果第三次被抓，我就會臣服。」於是，諸葛亮又把他放了。

接下來的幾個月，諸葛亮一而再、再而三地智取孟獲，但是每一次孟獲都有藉口：誤中詭計或是運氣不好等等。

第六次被擒後，孟獲主動說：「如果你第七次擄獲我，我會傾心歸服，永不反叛。」

諸葛亮表示：「如果我再擒住你，我就不會釋放你了。」

孟獲第七次又被擒住了，在這場殺戮之後，諸葛亮不忍再面對他的俘虜，便派遣使者告訴孟獲：「丞相特令我來釋放你，如果你辦得到，再去動員一支軍隊來決戰，看你能否擊敗丞相。」

孟獲在諸葛亮的七擒七縱後終於臣服蜀國。

在現代社會裡，做人做事是一門高深的學問。與人共事，要善於欣賞對手，寬容對手，因為這個世界本來就沒有真正的敵人，有的只是競爭對手。而且競爭對手也不是永遠不變的。今天的競爭對手，到了明天或許就是合作者。「攻城為下，攻心為上」，在與對手的競爭中，能征服對方的心，才是最高尚、最徹底、最偉大的勝利。

25 你無須得到別人的讚許

毫無疑問，要在生活中有所作為，就必須完全消除期望得到讚許的心理！它是精神上的死穴，絕不會給你帶來任何益處。

良言一句三冬暖，沒有人不喜歡聽讚美的話，對他人發自內心的讚美，既能使對方感到愉快，自己也會感到心境開朗。但是，你可能花費大量時間竭力贏得他人的讚許，或因得不到讚許而憂心忡忡。當尋求讚許已成為生活的一種需要時，你現在就該好好反省一下自己了。

首先，我們應該體認到：尋求讚許與其說是生活之必須，不如說是個人的欲望。當然，我們都願意博得掌聲、聽到讚揚。誰不願意呢？在精神上受到撫慰會給人一種美妙的感覺，而且也的確沒有必要在生活中放棄這種享受。讚許本身無損於你的精神健康，事實上，受到恭維是令人十分愜意的。尋求讚許的心理只有在成為一種需要而不僅僅是願望時，才成為一個錯誤。

如果你希望得到讚許，那僅僅是樂於得到他人的認可；但如果你需要讚許，那麼你在未能如願以償時便會十分沮喪。

心理學家說，這正是自我挫敗的因素之一。同樣，當尋求讚許成為一種需要時，你就會將自己的一部分價值奉獻給「他人」，因為你必須得到他人的讚許。假如這些人提出反對意見，你就會產生不良情緒。在這種情況下，你是在將自我價值置於別人的控制之下，由他們隨意抬高或貶低。只有當他們決定給你施捨一定的讚許之辭時，你才會感到高興。

需要得到他人的讚許就夠糟糕的了，然而如果在每件事上都需要得到每一個人的讚許，這就更糟糕了。如果是這樣，你勢必會在生活中遇到大量痛苦和煩惱。此外，你會慢慢建立起一種平庸的自我形象，隨之產生的便是自我否定心理。

沃爾斯就是一個典型的具有需要讚許心理的人。沃爾斯對於現代社會的各種重大問題都有自己的一套見解，如福利待遇、計劃生育、水門事件、中東戰爭、美國政治等等。每當自己的觀點受到嘲諷時，他便感到十分沮喪。為了使自己的每一句話和每一個行動都能為每一個人所贊同，他花費了不少心思。

有一次，沃爾斯與舅舅進行了一次談話。當時，他表示堅決贊成無痛致死法，而當他察覺舅舅不滿地皺起眉頭時，便幾乎本能地立即修正了自己的觀點：「我剛才是說，一個神智清醒的人如果要求結束其生命，倒可以採取這種做法。」沃爾斯在注意到舅舅表示同意時，才稍稍鬆了一口氣。

沃爾斯在老闆面前也談到自己贊成無痛致死法，然而卻遭到訓斥：「你怎麼能這樣說呢？這難道不是對上帝的褻瀆嗎？」沃爾斯實在承受不了這種責備，便馬上改變自己的立場：「……我剛才的意思只不過是說，只有在極為特殊的情況下，如果經正式確認絕症患者在法律上已經死亡，那才可以拔掉他的氧氣管。最後，沃爾斯的老闆終於點頭同意了他的看法，他又一次擺脫了困境。

沃爾斯與姐夫談起自己對無痛致死的看法時，姐夫馬上表示同意，這使他長長地出了一口氣。在社會交往中為了博得他人的歡心，他甚至不惜時時改變自己的立場。就個人思維而言，沃爾斯這個人是不存在的，所存在的僅僅是他人做出的一些偶然性反應；這些反應不僅決定著沃爾斯的感情，還決定著他的思維和言語。總之，別人希望沃爾斯怎麼樣，他就會怎麼樣。」

一旦尋求讚許成為一種需要，做到實事求是幾乎就不可能了。如果你感到非要受到誇獎不行，並常常做出這種表示，那就沒人會與你坦誠相見。同樣，你不能明確地闡述自己在生活中的思想與感覺。你會為迎合他人的觀點與喜好而放棄你的自我價值。

雖然應對受人斥責的局面很不容易，而採取為人所讚許的行為則容易得多。但如果為回避困難而選擇後者，那就意味著你認為別人對你的看法比你的自我評價更為重要。這樣就會失去做人的獨立性，而一個事事期望得到他人讚許的人，最終有可能根本得不到任何人的讚許。

26 做人要有雅量

天稱其高者，以無不覆；地稱其廣者，以無不載；日月稱其明者，以無不照；江海稱其大者，以無不容。

《尚書》說：「必定要有容納的雅量，道路才會廣大；一定要能忍辱，事情才能辦得好！」如果遇到一點點不如意，便立即勃然大怒；遇到他人的一次嘲笑，立即氣憤難耐。這些都是缺乏涵養的表現。雅量是衡量一個人成熟與否、修養程度高低的重要尺規之一。

應該承認，有些高貴的品質是普通人畢生企望但仍不可能達到的。但一個人的雅量卻是完全能夠透過修練而得到的。

佛家有典故說：釋迦牟尼佛功德圓滿，有人卻妒性大發，當面惡意中傷他。

佛祖笑而不語。待那人罵完後，佛祖問：「假如有人送你東西，你不願意，要怎麼辦？」

那人答：「當然是還給他了。」

佛祖說：「那就是了。」

於是，那人羞愧而退。

這個故事就是告誡人們要多些雅量。

有人問雅典的哲學家泰波士：「你由哲學中獲得了什麼？」

「一個人無法具有和所有人交往的能力。」泰波士回答說。

有人以挖苦的口氣對他說：「我常常在富人的宅邸見到閣下在……」

這種語氣對哲學家似有非難之意，但是泰波士坦然地回答說：「這就如同在患者家中見到醫生一樣，只是沒有任何一個人會想當醫生而不做病人吧！」

史拉科賽王問泰波士道：「為什麼富有者都不想進入哲學的殿堂？」

這位主張快樂主義的哲學家慨然回答說：「哲學家知道自己的需要，

而有錢人卻不知道。」

有一次，哲學家的朋友有事請求國王應允，但國王卻不答應，哲學家於是跪在國王的腳下。國王終於答應了朋友的請求，但四周的人卻沒有一個願意稱讚他，反而幸災樂禍地說：「你們瞧一瞧，那卑屈的態度算什麼呢？這怎能算是哲學家呢？」

嘲笑他的人不少，但是他卻若無其事、表情淡淡地說：「該受到嘲笑的也許不是我，而是耳朵長在腳上的國王吧！」

哲學家的這份雅量是值得所有人學習的。有雅量的人，生活也不會虧待他。

27 不要嘲笑別人的不幸

千萬不要嘲笑別人的不幸。不要幸災樂禍，誰能保證自己永遠幸福，永遠走運呢？

以前有一個禿子，一天他出門在外，住進一家小店，對面住了個麻子。

月光照在麻子的臉上，禿子越看越有趣，就忍不住吟出一首詩：

臉
天排
糯米篩
雨灑塵埃
新鞋印泥印
石榴皮翻過來

豌豆堆裡坐起來

禿子把麻子罵個痛快，很是得意忘形。就對麻子說：「老兄，你也能從一個字吟到七個字嗎？」

麻子說：「你吟罷了，我再模仿便沒有味道，不妨我從七個字吟到一個字如何？」

麻子於是吟出一首詩：

一輪明月照九州
西瓜葫蘆繡球
不用梳和篦
蟲虱難留
光不溜
淨肉
球

禿子一聽羞得滿面通紅，再也說不出話來。

戲弄別人，卻被他人嘲笑，這便是居心叵測之人的下場。可是，生活中還有許多人總喜歡拿別人的缺點或生理缺陷來評論一番，甚至當著對方的面直接攻擊，讓別人下不了臺階，這是一種極為不負責任且讓人不齒的行為。要知道，這個世界上沒有十全十美的人，任何人都有缺點，也都有優點。

因此，我們看人要多看他的優點，不要把眼光死死地盯在他人的缺點上，更不能去嘲笑他人，打擊他人。否則，你讓他人受了多少羞辱，這一切總會回報到你身上。

28 莫以自大而陷入窘境

真正有學問的人，就像麥穗一樣：只要他們是空的，它們就茁壯挺立，昂首俯視；但當它們趨於成熟，飽含鼓脹的麥粒時，它們便謙虛地低垂著頭，不露鋒芒。

因此，無論在什麼情況下，都不要嘲笑他人。

在非洲廣袤的大草原上，獅子被尊為萬獸之王。

有一天，獅子在自己的領地上巡邏時，遇到一匹正在尋找獵物的狼。獅子為了要讓狼知道自己是萬獸之王，就向這匹狼大吼道：「狼，你說一說，在這兒誰是萬獸之王？」

狼驚慌地回答：「大……大王，您就是萬獸之王啊！」

獅子聽後，很滿意地繼續向前巡邏去了。

過了一會兒，獅子遇到一隻在矮樹上採水果吃的狒狒。

獅子為了要讓狒狒知道自己是萬獸之王，又向狒狒大吼道：「狒狒，你來說說看，在這兒誰是萬獸之王？」

狒狒很害怕地回答：「大王，當然是您，您就是萬獸之王！除了您之外，還能有誰呢？」

獅子聽了十分得意，悠哉悠哉地繼續巡視牠所管轄的草原王國。

不久，獅子又遇到一隻大象，大象正在大口大口地吃著樹上的葉子。

獅子為了要讓大象知道自己是萬獸之王，便向大象大吼道：「大笨象，在這兒誰是萬獸之王？」

大象聽了並不回答，繼續忙著對付牠所捲下來的樹葉。

獅子惱羞成怒，用力地狂吼一聲，跳到大象的身旁：「喂，本大王在跟你說話，你是聾子還是啞巴呀？」

大象仍是一言不發，突然轉過身來，用長長的鼻子捲起獅子，猛力向上一扔，將獅子甩向遠方的一棵大樹，把獅子跌撞得鼻青臉腫。

獅子從地上爬起來，夾著尾巴艱難地走回來，向大象說道：「我只是想討論一下誰是萬獸之王而已，你不知道答案也就算了，又何必動粗呢？真是一點幽默感都沒有……」

生活中，也不乏獅子這樣的人，他們眼裡只有自己，驕傲自大，不知道天外有天，人外有人，因此，被撞得「鼻青臉腫」就是件很正常的事情了。

29 少操點閒心

婚姻絕非如浪漫的人們想像的那樣，而是建築於一種本能之上的制度，且其成功的條件不僅要有肉體的吸引力，也要有意志、耐心、相互的接受和容忍。

有一種人總喜歡指出家人的錯誤，並「貢獻」自己的意見，也喜歡指正家人的缺點。例如擔心妻子的髮型太新潮，在公司裡會受到同事的譏笑；兒子騎腳踏車上學，總是不停地叮嚀：「一定要鎖好腳踏車，否則會被人偷走。」如此種種，時間一長，家人都開始討厭他。雖然出發點是好的，但由於他太愛管閒事、太嘮叨，因此，真的是一片好心，在家人眼裡則成了「管家婆」。彼特便是這樣一個人。

彼特由於從小替父母分擔家務，所以很善於烹飪和理家，可是妻子對此很不在行。所以彼特對妻子理家、烹飪的能力很不滿。

「我來做給妳看，」彼特說，「我來教給妳。」每到週末，他便大顯身手，輕輕鬆鬆地就把家裡收拾得乾乾淨淨，還做出一桌美味佳餚。每當客人來訪，他也這麼做，而且嘮嘮叨叨地說，如果沒有他幫忙，妻子肯定什麼都做不好。結果，妻子無所適從，更覺得自己無助和無能，也覺得彼特這樣做讓自己很沒面子。

雖然彼特好心為妻子示範，讓妻子學習，但在妻子的眼裡，彼特實際上是在向她炫耀，使她怯於學習。因為彼特的行為向她證實，不論怎樣努力她還是要失敗。在潛意識裡，妻子感覺到的是絕不可能和他一爭高低，也絕不可能使他滿意。正是潛意識的騷擾，使她更覺得無助和無能。因而，夫妻間也就無法建立起一種平等、和諧的合作關係。在心理的重壓之下，他們的夫妻關係根本就沒有什麼幸福可言。

在生活中常可以遇到彼特這樣的人。他們總是擔心人家這做得不合適，那做得不夠周延，似乎他什麼都在行，對什麼都可以駕輕就熟。這種自負，恰好是自卑心理的表現。他們擺出一副「萬事通」的面孔，就是惟恐被人輕視，他們炫耀自己的目的，就是要提高自己的地位。可是這樣做的結果，更使他們捉襟見肘，遭人厭惡。道理很簡單，你不相信別人有做好事情的能力，別人也不會把你的能力放在眼裡。

假如你是個好操閒心的人，讀了上面這段話後，你有什麼感想？你會逐漸改變好操心的毛病嗎？建議你能改掉好操心的毛病，這樣，你就能活得更輕鬆、自在。

下篇

—交際處事篇—

不懂得與人交往者，必不能成功。交際處世是一門學問，也是一門藝術。平等相待是社交最基本的條件，誰自命清高，盛氣凌人，誰必定是社交場上的失敗者。只要你對別人付出真心，懂得寬容別人的過失，不做謠言的傳播者，不為一己私利而損害他人，你就能成為最受歡迎的人。

01 對他人的付出要有所回報

得到了他人的恩惠，要懂得回報，即使是父母也不例外，何況這是件重要卻又非常容易做到的事。

心懷感恩是維繫人際關係的不二法門。我們明明知道人與人之間必然有所不同，就不如放下抱怨、苛責，心懷感激，對他人的付出有所回報，這樣你的人際關係就會越來越好，而你自己也會從中受益更多。

有一位老闆生意做得很大，並且非常成功，賺了許多錢。為追求更多的利潤，他對員工很嚴格，甚至很苛刻。員工犯了錯，他常厲聲責罵，絲毫不給員工留情面，因此公司裡的員工對他都心存畏懼。

這位老闆的母親對兒子粗魯的言行也略有耳聞，但是她一直沒有適當時機規勸兒子。有一次，正當這位老闆和家人用晚餐時，電話突然響起。這位老闆拿起電話後，講不到兩句話便開始大聲責罵對方。原來是公司的一位經理在向他彙報這個月的銷售業績略有下滑，他聽到這個消息自然又是火冒三丈，大罵這位經理辦事不力，說罷狠狠地掛上電話。

當他氣衝衝回到餐桌繼續用餐時，母親便對他說：「你這樣對待你的員工是不對的！你不要認為自己生意做得很大就自認為了不起。你要知道，如果沒有那些員工，你只不過是『垃圾堆裡的老闆』，你自己好好想一想！」

老闆聽完母親的話後，一臉茫然，完全不懂他母親所說的「垃圾堆裡的老闆」是什麼意思。

有一次，公司放假，這位老闆想到辦公室去處理一些事情。他到了辦公室後，發覺辦公室空盪盪的，一個人也沒有，而且沒有人清掃，顯得有些凌亂，和平日整潔明亮的情景大不相同。他想喝杯咖啡，卻發覺自己連燒水用的水壺都不會使用。

過了一會，老闆開始處理事情。他一會兒找不到文件，一會兒找不到檔案，想發電子郵件給客戶也沒有秘書幫他打字。結果忙了大半天，卻幾乎沒有一件事能順利完成。這時他頓悟了他母親所說的：「沒有那些員工，你不過是『垃圾堆裡的老闆』」這句話的含意。他此時才恍然大悟：

「原來我生意之所以能夠成功，都是這些員工平日辛苦所換來的，並不是我一個人的功勞啊！沒有了他們，我怎麼會有今天的成就呢？我實在應該把他們看成是我的恩人才對啊！」

這位老闆自從體會了這個道理之後，一改以往對待員工的苛責、刻薄，代之以對員工的鼓勵、信任，並提高了員工的福利待遇。員工們感受到老闆明顯的改變後，除了驚訝之外，為了回報老闆為他們所做的一切，都更加努力工作，結果公司的業績更上一層樓。

當然，在生活中不僅僅是老闆要對員工感恩，更重要的是，我們應該對每個人表示感恩，父母子女之間如此，夫妻之間也應如此。

在此，我們的建議非常簡單，只要機會出現了，或是出現一種暗示，需要我們表達感恩時，你就應該把你的感恩之心表達出來。當你在外面懂得感恩時，你就會獲得好人緣，就會獲得他人的幫助與支持；當你對家人表示感恩時，你的家庭將會更加幸福、和睦。

02 先相信你自己，別人才會相信你

對自己有信心的人，不會懷疑自己的能力，更不會擔心自己的未來，他們用信心成就了自己的事業，因為任何目標在信心的支持下都可能獲得成功。

一位哲人曾說：「一個人的成就，絕不會超出他自信所能達到的高度。」的確，只有自信，才能夠讓我們感覺到自己的能力，其作用是其他任何東西都無法代替的，而那些在工作中一遇到挫折便放棄的人，永遠也不可能獲得成功。

你曾經對為什麼有些人生活得似乎特別順心，每件事都稱心如意感到奇怪嗎？但如果你更用心觀察就會發現，這只是表面的現象。他們能遇到好事的機率，跟遇到問題、挫折甚至失敗一樣大，與其他人並無二致。

但他們面對這些困難時，會以不同的方式處理，他們不容許自己因為一次不幸的經驗就喪失希望。他們總是認為事情終究會好轉：當你真正遇

上不幸的事，一定非常難以接受，但若你拒絕就此認輸，成功很快就會到來。只要你經常抱著信心與希望，就沒有克服不了的困境。

相信自己會獲得成功，是那些已經成功的人所擁有的一項基本而必備的要素。

大發明家愛迪生相信自己已經找到方法，能夠用機器錄下人的聲音，然後播放出來。他把構想用鉛筆畫成草圖，找了一位模具師傅，讓他按圖製作模型。

模具師傅仔細看了看草圖之後說：「不可能！這玩意兒根本就不能用。」

「你憑什麼認為不能用？」愛迪生問。

「因為沒有人做過會說話的機器。」模具師傅回答。

如果愛迪生接受這個說法，可能會放棄製作留聲機的念頭。但是他沒有這麼想，他相信自己一定能成功。

「你只管照這張草圖把模型做出來。」愛迪生堅持，「如果不能用，我就認輸。」

模型完成後，第一次測試就獲得成功，這讓模具師傅大為驚訝。

愛迪生的成功說明了自信是成就任何事業最基本、最重要的前提。有了信心，就有了「我確實能做到」的積極態度。信心是一切成就的基礎。對自己有信心的人，不會懷疑自己的能力，更不會擔心自己的未來，他們用信心成就了自己的事業，任何目標在信心的支持下都可能獲得成功。

03 有糊塗的腦子，就會行糊塗的事

這世界上最重要的事情，不論從任何角度來說，就是保持清醒的頭腦，自己瞭解自己。

「自作聰明」是人類的弱點。然而，自作聰明者卻常意識不到自己所謂的聰明其實是一種「糊塗」，甚或是一種「愚蠢」。因此，他們無論在什麼場合、什麼情況下，都喜歡表現自己，喜歡賣弄自己的「聰明」，卻不知道，他的「聰明」表現只會向別人證明他是何等糊塗。

在一家鄉村俱樂部裡兩個有錢人正在聊天。

其中一個富翁對另一個人說：「嘿！我告訴你，我那個僕人實在笨得可以，你不相信的話，讓你看看就知道。」

他把僕人威廉叫了過來，對他說：「這裡有一千塊錢，到羅浮宮去，給我把『蒙娜麗莎的微笑』買回來！」

威廉回答：「是的，主人。我馬上就去。」隨即轉身離去。

富翁對著他的朋友說：「看，我告訴你他很笨了吧？」

而另一個有錢人也不甘示弱，說：「那沒有什麼，你要看蠢貨，我就給你看真正的蠢貨。」

接著，他就叫他的管家大衛叫過來：「大衛，回家去看看我在不在家！」

大衛立即回答：「好的，主人，我馬上就去。」隨即跑回家了。

「看到了吧！他甚至不用腦子。想想看，如果我在這裡，又怎麼可能會在家呢？」

過了一會兒，威廉和大衛在路上相遇了。

威廉對大衛說：「嘿，你知道嗎？我家主人實在是笨透了，他竟然給我一千元，叫我去羅浮宮買『蒙娜麗莎的微笑』給他。他不知道今天是星期天嗎？羅浮宮根本就沒開……」

大衛回答：「你認為他笨嗎？我家主人比他笨多了。竟然叫我回家，看他在不在家？他有手機，不會自己打電話回去問啊？」

生活中，時常讓我們陷入困境的主要原因之一，就是腦筋時常處於不清楚的狀態，卻偏偏認為自己是天下第一聰明。但他們自己的生活卻常常被搞得一團糟。他們不會靜下心來思考，應該如何有效利用時間或整理身邊東西；也不會一日三省其身，更不會安排計畫，以避免工作和生活雜亂無章。

腦筋不清楚的人，不懂得盡量簡化事情。要知道，在生活與工作中，某一部分失去了控制，其他部分也會受到影響。生活紊亂就會影響工作，工作做得一塌糊塗，也會擾亂個人生活。因此，時時保持清醒，不要自作聰明，生活就會變得簡單而有效率。

04 不要奢望所有人喜歡你

要安心做自己。那些急於表現自己的人，反而得不到太多的讚賞。

很多人都有這樣的習慣，無論是在工作還是在生活中，都希望自己能吸引他人的注意，得到他人的讚賞。比如上班時穿一件新衣服，就希望同事們稱讚自己漂亮，或是誇獎自己有眼力，買了一件與自己氣質十分相配的衣服；工作上取得了一點成績，便希望上司注意自己，讚賞自己等等。但是，每個人都有自己的好惡，無論我們表現得多麼優秀、出色，都不可能贏得每個人的讚美。同樣的道理，無論表現多麼糟糕，也不會有人刻意注意你。

愛麗絲有著一頭金色的頭髮，與名模威麗格相似的臉龐，修長的雙腿。她去美容院時，美容師總是告訴她說，不用來了，因為她不用做任何護理或修飾就已經是個標準的美女了。

雖然如此，愛麗絲卻還是很自卑，她總是追趕潮流，使自己表現得比別人優越，因為她渴望周圍的人都能來關注她。但在阿科爾跑馬場遇到的一件事，使愛麗絲認識到以前的做法是多麼的愚蠢。

有一次她在跑馬場遇到一個有著魔鬼身材的女人，穿戴得珠光寶氣，高高的帽子，佩帶著粉紅色蝴蝶結的禮服，白色的長統手套，手裡還提著一個精緻的小皮包。無論從哪方面來看，都絕對稱得上是美女。她正邁著修長的雙腿，一次又一次地從人群面前走來走去，而且不時用眼睛迅速地掃一下人群。但是，她失望了，她沒有給任何人留下好印象——沒有人向她投來讚許的眼光。

愛麗絲記得非常清楚，她自己也有過這樣的經歷。但那時候的愛麗絲還沒有真正意識到，沒有人能夠贏得所有人的讚美。

一直以來，愛麗絲都試圖使自己和別人不一樣，總希望別人能欣賞她、崇拜她。現在她知道，其實沒有幾個人注意過她，喜歡她的人遠遠沒有自己希望的多。

有一天，愛麗絲獨自坐在公園裡，心裡卻擔憂她的朋友如果從這兒走過，是否會認為她的行為很愚蠢。當她開始讀一篇小說時，她讀到書中一個總是忘了現在、幻想未來的女主角，她一生中沒有多少時間是在過自己的生活，因為她把絕大部分時間都花在留給別人好印象上了。

愛麗絲在這一瞬間才意識到，自己整整十年的光陰都花在一個毫無意義的賽跑上。她所做的一切都毫無意義，因為沒有人會刻意去喜歡她。

有些時候，我們很在乎別人的看法，好像別人說你行，你就覺得自己行；別人說你不行，你也覺得自己不行。應當承認，別人的評價有一定的促進作用。受到別人讚揚與欣賞，我們都會感到快樂，感到自己有價值。所以，我們每個人都希望聽到讚揚，得到鼓勵，博得掌聲，期望所有的人都喜歡自己。而尋求所有人喜歡的心理如果不只是一種願望，而成為一種必不可少的需要，我們可能就會陷入深深的苦惱之中。

其實，每個人都有自己獨特的一面，無論你如何優秀，如何出眾，如何才華橫溢，只會讓某些人欣賞你、承認你、讚美你，但絕不可能讓所有的人都喜歡你。

05 說「不」時要像說「是」一樣友好

「是」和「不」是兩個最簡單、最熟悉的字，卻是最需要慎重考慮的字。

多數人小時候都有這樣的經驗：不論什麼場合，只要敢對父母說一個「不」字就會挨罵，父母是不會聽你解釋的。這樣一來，就養成了不敢說「不」的習慣，在我們與別人溝通時，就很難以「不」字來回應了。我們從懂事時起，就把「不」字和痛苦與懲罰畫上等號，也和長時間的沉默以及感情上的不愉快聯繫在一起。在某些情況下，說「不」等於要完全與人決裂。這是因為人們說「不」的時候，常常帶著很大的火氣，造成災難性的後果。

但是，什麼書上講過說「不」時，非得咬牙切齒、繃著臉不可？你可以學會臉上帶著友善的表情來說「不」，口氣可以和你說「是」一樣的輕鬆、從容。

雪麗・茜三十歲時就當上二十世紀福斯電影公司的董事長，是好萊塢第一位主持一家大製片公司的女士。她言出必行，人們都知道她辦事果斷，常常在握手言談之間便成交了一筆生意。

好萊塢的經理人歐文・保羅・拉紮說到雪麗時，認為與她一起工作過的人都很敬佩她。歐文曾經對記者說：「每當我請雪麗看一部電影劇本時，她總是馬上就看，很快就給我答覆。好萊塢有不少所謂的權威人士，給他看個劇本就不只這樣，如果他不喜歡的話，根本就不回話，讓你白白地等。他們十之八九以沉默來回答。但是，雪麗看了我送去的劇本，都有個明確的回答，即使她說『不』的時候，也還是把你當成朋友對待。好萊塢的劇本作家都有同感，這麼多年來，好萊塢作家最喜歡的就是她，儘管她經常說『不』。」

不過，在現實生活中，說「不」總是一件令對方不高興的事，因此，說「不」時要講究方法與技巧，才能讓他人心悅誠服地接受你的「不」，從而不會因你的「不」而與你積怨或懷恨在心。

因此，說「不」時要注意以下幾點：

①說「不」要講場合。當你仔細權衡利弊後，認為需要表明某種態度時，應果斷地表明自己的態度。假如同事讓你在一筆不合理的財務單據上簽字時，你應該乾脆地拒絕；假如朋友要你在法庭上幫他作偽證時，你也應該大膽地說「不」；假如在休息時間內，有親戚約你玩麻將一賭高低，你也應該大聲地說「不」。

②說「不」要及時。當你應該向他人說「不」時，要立即答覆，不要讓對方抱著希望，才能消除他繼續糾纏的念頭，切忌說「我再想想」、「過兩天再回答你」、「到時候再決定吧」等模稜兩可、拖泥帶水的話。你應該明確地告訴對方：「對不起，我不能這樣做。」對於你客氣地拒絕，一般情況下，對方也不會讓你難堪的。

③拒絕要區分對象。對性格直爽的人或者是朋友，最有效的方法是直言相告；對不熟悉的人或性格內向者，最好是運用迂迴的方法婉言謝絕，這樣對方也不會產生不愉快的想法；對心胸狹窄、遇事愛計較的人，可

以耐心地解釋，盡量使對方不因你的拒絕而怨恨你。

④如果要避免生硬地說「不」，可以提出一個反建議，這種方法在拒絕他人時效果極好。不過，建議要切實可行，否則，不但拒絕不了別人，還有可能得罪人，或者遭到對方的非難。

⑤在一些特殊的社交場合，你可能會碰上一些有意刁難、別有用心的問題，這個時候，你沒有必要掩飾心中的反感和左右為難，也不必絞盡腦汁地思考應對之計，可以直接指出對方的問話不合時宜或者沒有禮貌，暗示這種不合理的提問會給別人帶來難處，從而正面拒絕回答問題。

敢於說「不！」摒棄了那種支支吾吾的態度，不給人誤解你的餘地。和隱瞞自己真實感受的繞圈子話相比，人們更尊重這種不含糊的回絕。同時，你也會更加尊重你自己。

06 不做過分的事，不說誇大的話

人際關係是人與人之間的溝通，是用現代方式表達出「欲人施於己者，必先施於人」的金科玉律。

在社會交往中，每個人都希望能得到別人的肯定評價，都在無意識或有意識地維護自己的形象和尊嚴。如果有人對他過分地顯示出高人一等的優越感，無形之中就是對他自尊的一種挑戰與輕視，同時排斥心理乃至敵意也就應運而生。因此，在社交中，只有適當地抑制自己的優越感，不驕橫，不做過分的事，不說誇大的話，才會贏得他人的愛戴與尊重。

古羅馬時代有一位名為馬西爾斯的英雄，人們稱他為「戰神」。西元前五世紀前半期，他屢次使羅馬城免遭異族佔領。由於馬爾西斯經常馳騁在外地的戰場上，所以，羅馬人都不認識他，這使得他成為謎一般的傳奇人物。

西元前四五四年，馬西爾斯打算角逐羅馬最高執政官，從而進入政界。按照規定，所有的候選人都必須在選舉初期發表公開演說。馬西爾斯什麼也沒說，只是脫下衣服。人們被他身上的纍纍傷痕感動得淚如雨下，幾乎每個人都認定他會當選。

然而，在投票的前一天，馬西爾斯在公眾場合又作了一次演講，但他只與那些陪同他來的富有市民說話，而且一味地吹噓自己的功績。人們終於認清了他的真面目：所謂的英雄只不過是個吹牛大王而已。於是，人們決定第二天不投他的票了。

馬西爾斯在公眾場合脫下衣服，露出傷疤，幾乎征服了所有人的心，但是，在後來的演講中，他卻沒有控制自己的情緒——也許是太得意，得意之人總是容易忘形的。他只顧和富有的市民說話，卻絲毫不把貧窮的百姓們放在眼裡，理所當然地他落選了。因為畢竟貧窮的市民占大多數，而馬西爾斯為自己的過火言行付出了代價。

很多時候，你自以為得意的言行，會給你帶來巨大的損失。因此，在做一件事之前，我們有必要慎重考慮後再採取行動。如果要在公眾面前演講，那就更要小心謹慎。屠格涅夫曾說：「在開口之前，先把舌頭在嘴裡轉十圈。」你學會謹言慎行，就不會因失去理智而做過分的事，說誇大的話了。

07 沉默比言之無物好許多

如果想要用言語懾服別人，你說得越多，就越顯得平庸，而且越不能掌握局勢。而且你說得越多，就越有可能說出愚蠢的話。

有一首詩寫道：「緘口金人訓，兢兢恐懼身。出言刀劍利，積怨鬼神嗔。緘默應多福，吹嘘總是蠢。」所以，少說多聽是所有人應遵循的原則，因為言多必失。遵循這一原則會讓人受用無窮，個人的威望會因為沉默得到提升。不過，一味沉默也不是好事，在適當的場合，選擇適當的時機發表中肯的議論，也能獲得他人的好感。

在社交場合與人說話應該謹慎。你的話說得得體，對方聽後才會高興；反之，只會讓人心生不滿。因此，一般情況下，我們應該只說該說的話，對於自己不懂或他人不感興趣的話題，最好保持沉默。

不喜歡多說話的人，並不表明他的思想是混沌的，大腦是糊塗的，而是他明白，並不是說得越多越好，而是要說得恰到好處。

有這樣一個傳說：

當初，釋迦牟尼佛在蓮花池上，面對諸位得道弟子突然拈花微笑，眾人不解其意，而只有迦葉尊者領悟了佛祖的意思，他會心一笑，於是就有了禪宗的起源。

孔子觀於後稷之廟，有三座金鑄的人像，閉口不說話，只在金人背上銘刻了幾句名言：「古之慎言人也，戒之哉！無多言，無多事。多言多敗，多事多害。」

釋迦牟尼佛作拈花微笑，孔子銘刻「無多言，無多事」，這兩位東西方聖人的行為寓意深刻。他們勸誡人們：為人寧肯保持沉默寡言的態度，不驕不躁，寧可顯得笨拙一些，也絕對不可以自作聰明，喜形於色，溢於言表。

少說多聽，善於掩飾自己的真實意圖，才不會「禍從口出」，不會因為自己一些無心的話傷害他人。

08 坦白是使人心地輕鬆的妙藥

君子坦蕩蕩，小人長戚戚。

有時候，沉默比滔滔不絕更有效。

著名的翻譯家傅雷先生說：「我一生做事，總是第一坦白，第二坦白，第三還是坦白。繞圈子，躲躲閃閃，反易叫人疑心；你耍手段，倒不如光明正大，實話實說，只要態度誠懇、謙卑、恭敬，無論如何人家不會對你怎麼樣的。」襟懷坦蕩、光明磊落，能使你較易獲得他人的信賴、理解、支持與合作。更重要的是，一個心懷坦白的人，因為自己心明如鏡，心澄似水，因此他總是快樂的、輕鬆的。

假如你心裡總是藏著不可告人的秘密；假如你總是在心裡揣著嫉妒他人的火焰；假如你總是戒備所有人；假如你總是關閉心靈的大門，不讓它容下一絲陽光，那麼，你就不可能有一絲輕鬆的時候，更不可能有愉快的心情。你總是對他人遮遮掩掩，他人也不會和你坦誠相見、誠心以待。只有敞開心扉面對人，才會贏得他人的信任，也是讓自己快樂的途徑。

孔子曾一再要求自己的學生做胸懷坦蕩的高尚之人，而不應效法心胸狹窄、憂愁纏身的小人。你如果想建立良好的人際關係，首先就得敞開自己的心扉，坦誠相見，因為人們都十分樂意與胸懷坦蕩、寬容大度的人交朋友，而不喜歡那些心裡打著「小算盤」、別有用心的人交往。

英國作家哈爾頓為編寫《英國科學家的性格和修養》一書採訪過達爾文。

達爾文的坦率是盡人皆知的，為此，哈爾頓不客氣地直接問達爾文：「您的主要缺點是什麼？」

達爾文回答說：「不懂數學和新的語言，缺乏觀察力。不善於合乎邏輯的思維。」

哈爾頓又問：「您的治學態度是什麼？」

達爾文又回答說：「很用功，但沒有掌握學習方法。」

聽到這些話，誰能不為達爾文的坦率與真誠鼓掌呢？照理說，像達爾文這樣蜚聲全球的大科學家，在回答作家提問時，說幾句不痛不癢的話，甚至為自己的聲望再添幾圈光環，有誰會產生異議呢？但達爾文不是這樣。一是一，二是二，甚至把自己的缺點毫不掩飾地坦露在人們面前，這樣高尚的品德，換來的必是真摯的信賴和尊敬。

09 最好洗耳恭聽所有人說的話

我們要學會做一個好的聽眾。專心地聽別人講話，是我們能給予別人最大的讚美。上帝給我們兩隻耳朵一張嘴，就是讓我們少說多聽。

人與人之間的交往也是如此，你敢說實話，不遮遮掩掩，不吞吞吐吐，就能以坦率換來他人的尊敬和愛戴。

我們都有這樣的經驗：當你和別人談話時，如果對方將臉扭向一邊，一副漫不經心、愛理不理的樣子，你的談興會驟然大減。「看樣子他似乎不願和我談話，算了，別浪費時間了！」有時即便對方也不時附和地說一兩句「是嗎？」、「原來如此」之類的話，但他那舉止不定的眼神也在提醒你：「別談了，他根本沒聽進去。」於是，一場談話只能半途而廢。

相反，如果你的聽眾是一個聚精會神、側耳聆聽的人，你的心情就會大不一樣。「噢！瞧他那副認真聽的樣子，似乎對我說的事很有興趣，我還可以多說些。」

如果對方邊聽邊點頭，並不斷附之以「嗯」、「嗯」之聲，那麼你的談與一定會受到更大的刺激，你會對自己產生更大的信心，話題會源源不斷地湧出，思路也會變得清晰。

顯然，善於傾聽無形中就有褒獎對方的作用，是建立良好人際關係的一種手段。

你如果能耐心地聽對方傾訴，這就等於告訴對方「你說的話很有價值」、「你是一個值得我結交的人」。無形中，說者的自尊得到了滿足。於是，說者對聽者就會產生一個感情上的共鳴，「他能理解我」、「我終於找到了一個傾訴的對象」。彼此心靈間的交流使雙方的感情距離縮短了。

但是，我們周圍的許多人在與人交談時，往往缺乏「聽」的工夫。他們沒有耐心聽別人講話，或是不禮貌地打斷別人的談話；或是滔滔不絕地自言自語；或是心不在焉地聽別人談話……而這樣的後果對你非常不利。下面這個故事就是一個例證。

美國的汽車推銷大王喬治．吉拉德在一生的推銷生涯中，賣出了一萬多輛汽車，其中有一年賣出汽車一千四百二十五輛，這被記錄於吉尼斯世界紀錄中。在他的工作過程中，有過這樣一次經歷。

一天下午，一位先生來買車，吉拉德展開如簧之舌向他介紹，眼看那位先生就要簽單了，結果卻放棄購買，走了出去。

到了深夜十一點鐘，吉拉德仍在思索這筆生意為何失敗，不知道錯在哪裡。平時這時候，他正在回味這一天的成功呢！

吉拉德再也忍不住了，拿起電話打了過去，問那位先生為什麼不買他的車。

「現在是晚上十一點鐘。」對方不耐煩地說。

「我知道，很抱歉。但是我要做個比今天賣更多車的推銷員，你願意告訴我究竟我哪兒錯了嗎？」

「真的？」

「絕對！」

「好，你在聽嗎？」

「非常專心！」

「但是今天下午你並不專心聽話。」那位先生告訴吉拉德，他本來下定決心買車，可是在簽字前最後一分鐘猶豫了。因為當他提到自己的兒子傑克要進密西根州立大學，準備畢業後當醫生，傑克很有運動能力等時，吉拉德卻滿不在乎，一點興趣也沒有。當時吉拉德一邊準備收錢，一邊聽辦公室門外另一位推銷員講笑話。顧客感到自己受到了冷落，感覺吉拉德並不是真的關心自己，他只關心怎樣賣出自己的車。因此他決定要給吉拉德一個教訓，不買他的車了。

10 使自己成為別人的朋友

如果你要得到仇人，就表現得比你的朋友優越吧；如果你要得到朋友，就要讓你的朋友表現得比你優越。

專心傾聽是極為重要的，再也沒有比這麼做更具恭維效果的了。

有一句老話說：「如果你需要朋友，就要先成為別人的朋友，把朋友的事當作自己的事，像做自己的事一樣做好朋友的事。」朋友就像一面鏡子，他所表現的態度是你的真實反映。你如果總是樂於助人，急他人之所急，且善於站在他人的角度想問題，你的朋友必然慷慨大方，像你一樣富有愛心；你如果視友誼為理所當然的事，並常常為自己的付出要求對等或更多的回報，你會發現朋友們都會離你遠去。

和朋友交往，我們應該經常反省自己：你打電話或發電子郵件關心過朋友嗎？你還記得那些對於朋友來說意義重大的事情嗎？在他們處於低潮時，你能否主動安慰或是承擔他們的一部分痛苦？你是不是在自己需要幫助時才與他們聯繫？

朋友是生命中最不可遺忘的人。關心朋友不應掛在嘴上，而應該付諸行動。當朋友處於無助時，我們應該伸出援助之手；當朋友遇到不順心的事時，我們應該安慰、鼓勵，切忌袖手旁觀，或以漠然的態度視之。只要我們付出真心，就能贏得友誼與信任。

有位哲人曾說：「擁有幾個知心的朋友，是人生的一大福氣。」的確，朋友是我們生命中不可或缺的人。當你需要他們時，他們永遠都在你的身邊，他們會默默傾聽你的心聲、分享你的喜怒哀樂，也會關心你的一切。想哭時，你可以哭濕他的肩膀；想笑時，也可以笑倒在他懷裡；他也可能和你相擁而泣、並肩歡呼，因為他能充分瞭解你的感受。

必要的話，他們也會毫不保留地助你堅守目標。你退縮時，他會鼓舞你前進；你猶疑時，他會為你分析前路；你絕望時，他會點燃一盞明燈；你跌倒時，他會攙扶著你走完全程。

古希臘詩人荷馬說：「真正的朋友是一個靈魂寓於兩個身體，兩個靈魂只有一個思想，兩顆心的跳動是一致的。」

馬克思和恩格斯就是這樣的好朋友。在馬克思的著作裡滲透著恩格斯的智慧和辛勞，在恩格斯的論著中同樣包含著馬克思的智慧和辛勞。他們的著作被人們譽為友誼的結晶。

法國工人運動領袖、馬克思的女婿保爾・拉法格說：「當我們回憶恩格斯的時候，就不能不同時想起馬克思；同時，當我們回憶馬克思的時候，也就不免會想起恩格斯。他們兩人的生活聯繫得如此緊密，簡直是不可分的一個人。」

11 裝糊塗有時是最佳的選擇

試看世間會打算的，何曾打算得別人一點，直是算盡自家耳。

友誼是基於不求回報的付出之上的，要想成為別人的朋友，你就得先付出，並且要讓對方知道你對他們跟其他人一樣，而不是對他們能為你做的事感興趣，這樣你也許會發現，你已建立起真正且忠誠的友誼。

生活中，那些看似「愚不可及」、「糊裡糊塗」的人往往有極好的人緣。究其原因，是因為人們都對那些處世精明、聰明絕頂的人懷有戒心，敬而遠之。因此，那些在小事上吃點虧，裝點糊塗，比凡事精明、咄咄逼人的人更受歡迎。

在公眾場合，有時候並不是話說得越多越好，在一些特殊的場合，保持適當的沉默對自己有百利而無一害。

格恩是某銷售公司的元老級人物，也正因為如此，他常倚老賣老，排擠同事。閒暇之時，他總愛和同事們抬槓，一旦他纏上了誰，就極盡取笑、挖苦、嘲諷之能事，使人臉上無光、自尊心受損。

同事比基是公司剛聘用不久的年輕人，工作經驗不足，一次和客戶聯繫業務時發生口角，結果被主任狠狠批評了一頓。格恩得知後陰陽怪氣地說：「你這小夥子，那麼點小事都做不好，怪不得老闆責罵你，你還太嫩呀！」

幾句話氣得比基臉色都變了，沒等到他反駁，格恩接著轉身對其他同事說：「大夥不知道吧，比基的私生活其實過得挺瀟灑的，他每晚都去泡夜店。」

比基聽後，雖然極為憤怒，但一想到與如此尖酸刻薄的人鬥嘴不值得，便不再理會格恩。格恩見自己的挑釁，只換來比基的沉默和同事們的冷眼，自覺沒趣，只好佯裝上廁所走了。

由此可見，「裝聾作啞」不是軟弱，不是怯懦，而是與他人相處時的一種智慧，學會了「裝聾作啞」往往會平安無事。

在生活中，裝糊塗至少有以下好處：

減少煩惱。在公眾場合，我們免不了與他人有摩擦，當他生氣、指責我們時，如果我們忍讓一點、糊塗一點，不去斤斤計較，麻煩、損失、煩惱就會少很多。

容易解決難題。裝糊塗的人會在人際交往中，處處隱藏自己的聰明，並把「糊塗一點」作為特定情況下的交際武器，去解決那些棘手的難題。

損小得大。在堅持原則的情況下，對一些細枝末節的小事，裝糊塗就能夠把自己從不必要的糾纏中解脫出來。這樣就能集中精力去辦大事。裝糊塗是明智的處世策略，是大智若愚。

12 不要以貌取人

沒有人是完美無缺的，也沒有人是一無是處的。

「以貌取人」是我們常犯的一種通病。當自己強大，對方卑微時，沒有人還記得那句古訓：「人不可貌相，海水不可斗量。」但是，生活中往往是那些「貌不驚人」的人才會給我們真正的幫助，給我們友情，給我們關愛。如果以貌取人，你就永遠不可能結交一些高尚的朋友。

一天，有兩位年輕人羅伯和肯尼一同去赴一個宴會。

他們走過一條河流時，一隻螃蟹爬過來說：「讓我跟你們一同去吧，我想看看人類的宴會是什麼樣子，我不會給你們添麻煩的，我走路很快。如果你們遇到什麼麻煩，我還可以幫助你們。」

「去去去！看你那樣子，橫七豎八的，丟人死了，離我遠點吧。即使我們真的遇上了麻煩，你也幫不上什麼忙。」羅伯不耐煩地說。

「你的模樣是世界上獨一無二的，我很樂意帶著你，你跟我走吧，朋友。」肯尼說。

螃蟹高興地跟在肯尼後面。

當他們翻過一座山，一隻瘸腿的黃鼠狼跑過來說：「請帶上我吧，我想去看看人類的宴會是什麼樣子，我雖然是一隻跛腳的黃鼠狼，但說不定我會幫上你們什麼忙。」

「離我們遠點，瞧你那模樣，又瘸又臭，都快薰死我了，趕快走開。」羅伯掩著鼻子對黃鼠狼怒喝道。

「你的模樣是世界上獨一無二的，我很高興帶著你，你跟我走吧，朋友。」肯尼說。

瘸腿黃鼠狼感激地跟在肯尼後面。

他們經過一個稻穀場時，一根稻草繩跑過來說：「讓我跟你們走吧，我想去看看人類的宴會是什麼樣子，我不會連累你們的，我走路很快。」

「去去去，看你那模樣，瘦骨嶙峋的，還拖著一條長長的尾巴，你一定是世界上最難看的東西了，還是離我遠遠的吧，不然，我一把火燒了你。」羅伯厭惡地對稻草繩說。

「你的模樣是世界上獨一無二的，你跟我走吧，我很樂意帶你去參加朋友們的宴會。」肯尼和藹地對稻草繩說。

稻草繩感激萬分，緊緊地跟在肯尼的後面。

羅伯和肯尼來到朋友家。朋友不在，卻從屋裡出來一隻熊。熊說：「昨天我已經把屋子裡的主人吃掉了，今天專門等著你們倆呢！」說完張開大口，撲向羅伯，一口咬斷了他的脖子。

待牠撲向肯尼時，跛腿黃鼠狼連忙放出一個臭屁，薰得那隻熊頭昏腦脹。這時稻草繩上前緊緊捆住了牠，螃蟹上前夾斷了牠的喉嚨，最後肯尼扛著熊皮，帶著他的三個朋友平安回家去了。

朋友沒有貴賤之分，無論對方的地位是尊貴還是卑微，我們都不應戴著有色眼鏡去看他們，以貌取人。要知道在遇到困難時，常常是那些看似卑微的朋友成為我們最大的救星。

13 不要告訴人家你更聰明

要比別人聰明，但不要讓他們知道。

西元前一三一年，羅馬執政官馬西努斯圍攻希臘城堡，需要用撞牆槌攻破城門。他以前看到過雅典船塢裡有兩支沉甸甸的船桅，便下令將其中較大的一支立刻送來。

接到命令的軍械師認為，較短的一支更容易把牆撞開，於是軍械師自作聰明，堅持把較短的桅杆送了過去。他深信執政官一定會因為他阻止了一個錯誤的決定而賞賜他。

短桅杆運抵戰場後，馬西努斯非常生氣，軍械師卻沒有發覺，仍然很高興地向馬西努斯解釋送來短桅杆的原因。他滔滔不絕，並表示在這些事情上聽取專家的意見才是明智的，攻城時採用他送來的撞牆槌一定最有效。等他說完，馬西努斯便當著全體士兵的面剝光了他的衣服，用鞭子活活把他打死了。

這名軍械師是專家，被推崇為最好的技師。他知道自己是對的，較短的撞牆槌速度比較快，力量也比較強，但是馬西努斯不瞭解這些——他肯定不會承認自己是錯誤的。

這名軍械師是好表現自己比別人聰明的經典人物，這種人在現實生活中有很多。好表現自己的人不懂得與人相處的技巧，只知道不論在什麼場合，在什麼人面前，只要逮著機會就表現自己，或責難比自己有權勢的人的聰明才智，這種做法是絕對不會有好下場的。

蘇格拉底曾在雅典一再地告誡他的門徒：「你只知道一件事，就是你一無所知。」

在公眾場合，無論你採取什麼方式指出別人的錯誤：一個蔑視的眼神、不滿的腔調，或是不耐煩的手勢，都有可能帶來難堪的後果。你以為別人會同意你的觀點嗎？如果真是那樣，那就大錯特錯了，因為你否定了他的智慧和判斷力，打擊了他的自尊心，同時還傷害了他的感情。他非但不會改變自己的看法，還要進行反擊，這時，你即使搬出所有柏拉圖或康德的邏輯也無濟於事。

如果你是一個很有才華的人，要想做到不露鋒芒，既有效地保護自己，又能充分發揮聰明才智，就必須克服好表現自己、處處顯示出自己比別人聰明的心理。凡事不要太張揚，不要鋒芒畢露。要養成謙虛的美德，含而不露對你有利而無害。

在與人交往時，尤其要注意收斂鋒芒，掩飾自己的才能，切不可趾高氣揚，目空一切，更不要輕易「指點江山」，糾正別人的錯誤。一定要謹記：不要把自己看得太重要或了不起。

即使你學富五車，或者對方是多麼寂寂無名，也不要開始就宣稱我要證明什麼給你看。這等於是說：我比你聰明，我要讓你改變看法。這實在是個充滿火藥味的開場白，無疑會引起對方的反感，引發一場衝突。你也將陷入四面楚歌的境地。

如果你想證明什麼，就別讓任何人知道，自己悄悄地做。要不露痕跡，很有技巧地去做。就像詩人波普所說的：你在教給人某些東西的時候，要讓人覺得你像若無其事一樣，即所謂的「潤物細無聲」。

14 與人見面要提前達到約會地點

你向我要什麼東西都可以，但你卻不能向我要時間。

與人約會，提前幾分鐘到達約定的地點，是對對方的尊重，這表明你把對方放在心裡，或是表示你極為重視這次見面。因此，最好提前到達，靜心等待對方的到來。而對方見你已在等他，心裡多半裝的是感激，會因為你的等待對你心生好感。

可是現在社會上有很多人視遲到為理所當然，他們不知道珍惜自己的時間，也任意浪費他人的時間，這是最不可取的。

其實，我們不妨往深處想，比約定的時間晚到，等於是搶走了對方一部分寶貴的時間；相反，如果提早到達，就如同把自己的時間當作「禮物」送給別人，所以我們必須好好瞭解、配合對方，才能掌握、製造契機。反之，受損失的就是自己。下面這個發生在環球乳酪公司裡的故事，就是一個例證。

蕭波是環球乳酪公司的推銷員，每天辛辛苦苦在外面推銷乳酪。一次，在他的再三懇請下，一家食品公司的經理答應約他在星期一上午十點鐘到自己的辦公室來面談訂購乳酪的事宜。

當蕭波星期一去見這個經理的時候，比約定時間晚了二十分鐘，等他到達經理辦公室時，經理已經不在了。蕭波大為光火，埋怨經理不守信用，欺騙自己。

過了幾天，蕭波在外面巧遇經理。經理問他那天為什麼不準時來。

蕭波振振有詞地說：「先生！那天我可是十點二十分到的。」

經理馬上提醒他：「但我是約你十點來的呀！」

蕭波心裡並不服氣，他以狡辯的語氣回答說：「是的，這我知道，我只遲到二十分鐘有什麼要緊呢？你應該等我一下嘛！」

經理很嚴肅地說：「怎麼無關緊要呢？你要知道，準時赴約是件極重要的事情。你不能準時赴約，就表明你已經失去你嚮往的那筆業務。因為就在當天下午，我們又接洽了另一家乳酪公司。現在我要告訴你的是，你不要認為我的時間不值錢，以為等二十分鐘無關緊要。老實告訴你，在那二十分鐘的時間裡，我還預約了兩個重要的談判項目呢！」

然而，這個世上似乎沒有永遠守時的人，約會遲到對很多人來說是一種再正常不過的事了。我們經常可以在咖啡廳或其他場合看到這樣的情形，等待約會的男士萬分著急地頻頻看錶，而約三十分鐘後，門口進來一位女士，漫不經心地走到男士身邊。這時候，你是否會想到，如果你是那位男士，面對習慣遲到的女友，你的心情還會好嗎？

「不是我替自己說話，我真是天生沒有時間觀念。」習慣遲到的人總是這樣說。當然，這樣的理由不足以說服等人者。一個人習慣遲到，對方即使再善解人意，也不會長久地喜歡一個不守時的人。如此一來，真正受損失的就是那些遲到者了。因此，既然與人約好了，提前到達約會地點是必要的。

15 寬宏大量乃是一副良藥

天稱其高者，以無不覆；地稱其廣者，以無不載；日月稱其明者，以無不照；江海稱其大者，以無不容。

不用多加論證，作為一個心智健全的人，特別是一個希望逐漸完善自己人格的人，總是要有點寬宏大量的胸懷。寬宏大量是衡量一個人成熟與否、修養程度高低的重要尺規之一。

《尚書》說：「必定要有容納的雅量，道德才會廣大；一定要能忍辱，事情才能辦得好！」如果遇到一點點不如意，便立刻勃然大怒；遇到不稱心的事情立即火冒三丈，這樣，你既不會有好心情，也不會獲得好人緣，更不會碰上好運氣。

當然，我們有時不可能像聖人一樣去「愛」自己的「敵人」，但是，至少可能寬容他們，因為這樣做，會比仇恨得到更多。

喬治・羅納在維也納當了多年律師，但是在第二次世界大戰期間，他逃到瑞典，一文不名，很需要找份工作。因為他能說並能寫好幾國語言，所以希望能夠在一家進出口公司找到一份秘書的工作。絕大多數的公司都回信告訴他，因為正在打仗，他們不需要用這一類的人。

不過有一個人在給喬治・羅納的信上說：「你對我的生意完全不瞭解。你既蠢又笨，我根本不需要任何替我寫信的秘書。即使我需要，也不會請你，因為你甚至連瑞典文也寫不好，信裡全是錯字。」

喬治・羅納看到這封信的時候很生氣，於是也寫了一封信回應，目的是要報復對方。但接著他就停下來對自己說：「等一等。我怎麼知道這個人說的是不是對的？我學過瑞典文，可是並不是我的母語，也許我確實犯了很多我不知道的錯誤。如果是這樣的話，那麼我想要得到一份工作，就必須再努力學習。這個人可能幫了我一個大忙，雖然他本意並非如此。他用這種難聽的話來表達他的意見，並不表示我就不虧欠他，所以應該寫封信給他，在信上感謝他一番。」

於是喬治・羅納撕掉了他剛剛寫好的那封罵人的信，另外寫了一封信說：「你這樣不嫌麻煩地寫信給我實在是太好了，尤其是你並不需要一個替你寫信的秘書。對於我把貴公司的業務弄錯一事，我覺得非常抱歉，我之所以寫信給你，是因為我向別人打聽，而別人介紹說你是這一行的領導人物。我並不知道我的信上有很多文法上的錯誤，我覺得很慚愧，也很難過。我現在打算更努力地去學習瑞典文，以改正我的錯誤，謝謝你幫助我走上改進之路。」

沒幾天，喬治・羅納就收到那個人的回信，請羅納去見他。羅納去了，而且得到了一份工作。

但是，在生活中，有時寬恕他人需要勇氣，因為我們通常認為，每個人都應該為自己所犯下的錯誤付出代價，這樣自己心裡才會有種平衡感。否則，就認為自己很吃虧。然而，不寬恕他人只會讓自己更痛苦，因為你心裡裝滿了仇恨、埋怨、憤怒，這些不良情緒會影響你的生活品質。如此，倒不如寬恕別人吧。

正如一位哲人所言：「寬恕是一種高貴的品質、崇高的境界，是精神的成熟、心靈的豐盈，是一劑良藥。」

16 透過一個人花錢的方式瞭解他

怎樣賺錢顯示出一個人的能力，怎樣花錢可以看出一個人的品質。

錢本身沒有特質，沒有性格。如何使用金錢，反映了使用者的人生願望。正如一位哲人所說：「從賺錢的方式可以看出一個人的能力，從花錢的方式可以看出一個人的品質。」

一家乳品公司招聘一名業務員，弗蘭德與湯瑪斯同時競爭這個職位。他倆一路過關斬將，只差最後一關——公司總經理的面試。弗蘭德與湯瑪斯都對自己最終能夠獲勝充滿信心。

奇怪的是，在第二天最後一關面試時，總經理並沒有提問，而是帶領他倆去另一家公司簽訂銷售合約。

距離要去的公司只有一站的路程。總經理建議大家一起乘公共汽車去，並遞給弗蘭德和湯瑪斯每人一枚一元硬幣，讓每人各自買自己的車票。

票價是九毛錢。因缺少零錢，公車司機已養成收取一元不找零的習慣。弗蘭德總覺得自己為一毛錢開口，有損自己的形象，也就沒有向司機要回那一毛錢。

沒想到，湯瑪斯卻要司機找零。司機輕蔑的眼神如針般地刺向湯瑪斯，才遞出一毛錢，惹得一車人都對湯瑪斯評頭論足。

一旁的弗蘭德有點幸災樂禍地想，對手「財迷心竅」的表現，或許將讓自己穩穩勝出。

總經理把這一切都看在眼裡。公車一到站，總經理握著湯瑪斯的手說：「你被聘用了！」

「為什麼？」弗蘭德不解，並且頗感委曲。

「你剛才沒有向司機要回那一毛錢。我透過你花錢的方式，就知道你的人品和性格了。而一個連自己的錢財都不愛惜的人，他肯定也不珍惜公司的財物，更不要說竭盡全力為公司工作，為公司創造最大利潤了。」

你看，錢有時就充當了鏡子的作用。人們透過這面鏡子，能清楚地看到你的一言一行。

在生活中，我們同樣可以從別人花錢的方式來觀察一個人的性格。那些欠別人錢財，能拖多久就拖多久的人，大多有佔便宜的心理，比較自私，缺乏公平的觀念，總是想著自己少付出或是不付出，就得到盡可能多的回報。他們在一般情況下，不會輕易地關心和幫助別人，對人雖不算太冷淡．但也算不上熱情。

把付款的任務推給別人，這類人常無法堅持自己的原則和立場，而習慣於服從和聽命於他人，被他人領導。他們的責任心並不強，常會找理由和藉口為自己開脫，在挫折和困難面前就會膽怯、退縮。

收到帳單以後立即付款的人，多是很有魄力的人，他們凡事說到做到，拿得起放得下，當機立斷，從來不拖泥帶水。他們的個性獨立，為人真誠坦率，無論哪一方面，從來不希望自己欠他人的，他人倒是可以欠自己的。

採用電話付費服務的人，容易接受新鮮事物，並懂得利用它們為自己服務，但由於對某些東西的依賴性太強，常常會使他們喪失一些主動權，而受控於人。除此以外，他們對人有很強的信任感。

美國心理專家威廉透過多年的研究證明，凡是對金錢利益太算計的人，實際上都是很不幸的人，甚至是多病和短命的，他們百分之九十以上都患有心理疾病。這些人感覺痛苦的時間和深度，也比不善於算計的人要長和深了許多倍。

換句話說，他們雖然會算計，卻沒有好日子過。這是因為太算計的人，通常也是一個事事計較的人。無論表面上多麼大方，他的內心深處都不會坦然。算計首先已經使人失掉了平靜，陷入一事一物的糾纏裡。而一個經常失去平靜的人，一般都會引起較嚴重的焦慮症。常處在焦慮狀態中的人，談不上快樂，甚至是痛苦的。

17 切忌漠視他人

對待他人，最壞的不是憎恨他，而是冷淡他。這是最不人道的行為。

另外，在生活中，愛算計的人很難得到平衡和滿足，反而會由於過多的算計，引起對人對事的不滿和憤恨。常與別人起衝突，紛爭不斷，內心充滿了衝突和矛盾。

很多人常常把「對人要有愛心」、「在他人有困難時要伸出援助之手」等等掛在嘴邊，但有一天他們真的遇上了需要幫助的人，卻把這些話忘得一乾二淨。其實，對待他人要有熱情，在他人遭遇困難時，適時地伸出援助之手是我們必須具備的品質。因為生活是變化莫測的，誰也不能肯定自己一輩子會一帆風順，平平安安。

因此，對處在逆境中的人表示自己的關心，並給予必要的幫助，是我們應盡的義務。如果漠視他人，在他人遭遇困難時袖手旁觀，或是避而遠之，就不會贏得人們的尊敬，在你遇到難處時，也不一定有人幫助你，因為沒有人喜歡和一個冷漠的人打交道。

有一天，理查和一個旅伴穿越陡高的喜馬拉雅山脈的某個山口，他們看到前面一個人慢慢倒在雪地上。

理查想停下來幫助那個人，但同伴卻說：「如果我們帶上他這個累贅，就會送掉我們自己的命。」

但理查不忍心丟下那個人，讓他凍死在冰天雪地裡。

跟旅伴告別後，理查把那個人抱起來，放在自己背上。他使盡力氣背著這個人往前走，漸漸地理查的體溫使這個凍僵的身體溫暖起來——那人竟然活了過來！

過了沒多久，他們兩個人並肩前進。當他們趕上那個旅伴時，卻發現他已經死了——是凍死的！

在冰天雪地中，理查心甘情願地把自己的一切——包括生命——給予另外一個人，他保住了生命；而他那無情的旅伴想顧全自己，最後卻丟了性命。

作家法狄曼說：「如果世界上只有我一個人獨處，便不能保全自己的生命，也不能發現自己的真正價值……我們只能用極抽象的方法，去愛整個人類，但是我們至少可以不漠視他人。我們可以培養對他人的關心，常常用各種方法和他人產生聯繫。文明究竟是什麼？當然是指人們努力要脫離原來冷淡、漠不關心的孤立狀態，而求改善，也是指一個人要與另外一個人取得聯繫。」

18 給人好處要給得恰到好處

恰當的「施」，才能讓人心安理得地「受」。

一個人也許會失去地位、財富和健康，但這一切並不是致命的。可是，有一樣東西，少了它生活就會成為負擔，那就是愛心。正如一位哲人所言：「最好和最高貴的人是最富同情心的人，這樣的人從來就不漠視他人，因此人們也熱心地對待他。」

當你把關愛給予他人或給他人幫助時，往往也是幫助了自己。

每個人都會有「給人好處」的時候，給人好處也要講究方法、技巧。「給」並不是一件容易的事，因為「給」得不恰當，受的一方不但不會感激你，反而還會為此而怨恨你。如此一來，你不但白白損失了「好處」，同時又遭到他人的埋怨，甚至是仇恨，這樣的事是不是很冤枉？因此，要給人好處，就要給得恰到好處，也就是說，給也要講時機，講場合，給就要給得痛快，給得大方，應該給誰，給多少，都要有分寸、有原則。

所謂給要給得痛快、大方，是指應該給、必須給、不得不給時，就要毫不吝嗇地、慷慨大方地給，這種情形包括人家有恩於你時或鼓勵工作傑出的員工時。如果你給得少，或者當著某人的面給了別人而不給他，那麼，這好處的效果就會降低很多，甚至適得其反。如果真是這樣，不但得不到別人的感謝，有時還會招來怨恨。戰國初期中山國的中山君就是一個很好的例證。

一天，中山君設宴款待都邑的士大夫，司馬子期也在被請之列。席上，中山君把羊肉羹分給各位士大夫，卻沒有分給司馬子期。司馬子期心中大怒，心想：「中山君，你不分給我羊肉羹，是瞧不起我還是要侮辱我？既然你不把我司馬子期放在眼裡，我就要讓你為自己的行為付出代價！」

於是司馬子期到楚國慫恿楚王攻打中山國。楚王答應帶兵進犯中山國。

不久，中山國被攻破，中山君倉皇逃命，只有兩個人拿著武器跟隨他。

中山君回頭問那兩人：「大家都逃跑了，為什麼你們還要跟著我？」兩人回答：「大王，你以前曾賜一碗飯給饑餓將死的家父。家父臨終時對我們說，如果中山君有事，你們必須以死報答大王的恩德。所以我們願為君死。」

19 要提防永不吃虧的人

處人不可任己意，要悉人之情；處事不可任己見，要悉事之理。

中山君仰面歎息道：「給予不在乎多少，在乎別人是否正在困厄之境；施怨不在乎深淺，在乎是否曾傷了別人的心。我因為一杯羊肉羹而亡國，卻因為一碗飯而得兩位壯士！」

中山君因為一杯羹而亡國，卻因為一壺食而得到兩位壯士，這個鮮明的對比，正好生動地說明了一個道理：給人恩惠要恰到好處。

古人曾說：「吃虧是福。」其實是教導我們要隱忍處世，寬以待人。但在生活中，我們卻要提防一些「不吃虧」的人，因為這類人常用「吃虧」來掩飾自己的本來面目，在博得他人的好感後，再施詭計以達到自己的目的。

《戰國策》有這樣一個故事：魏王送給楚懷王一位美人，楚懷王十分喜歡這位美人，對她寵愛有加。

和美人比較起來，楚懷王的愛妃鄭袖顯然遜色不少，但她是個從不吃虧的人，她擔心自己從此失寵。因此，鄭袖心裡十分妒忌美人的姿色，並心生惡念，想要加害於她。

鄭袖表面上裝作很喜歡美人，比楚懷王還要親近她。凡是美人喜歡的，從衣服到玩樂的東西，鄭袖都送給她。這一切，楚懷王都看在眼裡。他對鄭袖說：「難得妳這麼大方明理，不嫉妒新人。以後妳這位當姐姐的便要好好照顧她！」而美人呢，也非常信任鄭袖，因為她覺得鄭袖對自己非常親近，並且常為自己大把大把地花錢，卻不知道鄭袖如此做是別有用心的。

鄭袖知道楚懷王瞭解自己對新人沒有惡意後，就找機會對美人說：「我的好妹妹，大王這麼喜歡妳，我實在替妳高興呢！不過我擔心大王很快又會喜新厭舊。」

於是美人便問：「姐姐，那我要如何使大王更愛我，不至於又去找新人呢？」

鄭袖說道：「妹妹，妳長得非常漂亮，尤其是當妳用手掩住鼻，只露出眼睛時，那眼神、姿態更是傾倒眾人，所以妳以後見到大王就擺出這樣的姿勢，大王看了一定會更加寵愛妳！」

美人聽後，心裡萬分感激鄭袖的提醒，於是便照著鄭袖的話去做，每次當她見到楚懷王時，便用手把鼻子掩住。

楚懷王覺得很奇怪，為什麼美人每次看到他都將鼻子掩住，只露出眼睛。於是便問鄭袖：「愛妃，那位美人為什麼一見到我便用手掩著鼻？妳知道原因嗎？」

「大王……我不知道。」鄭袖吞吞吐吐地答道。

「妳和美人這麼親近，難道說妳沒有聽她說過嗎？」

「……有是有……不過我想還是不說的好。」

「究竟是什麼原因？妳但說無妨啊！」

「大王，我怕說了你會不高興。」鄭袖裝成有些惶恐地回答。

最後，楚懷王不耐煩了，說：「我要妳馬上將事情完全坦白地告訴我！」

鄭袖裝作既驚慌又為難的樣子，然後回答說：「大王請息怒，我好像聽她說過，她不喜歡聞到大王身上的狐臭味，所以便掩住鼻，大王……」

「大膽賤妾！居然嫌我有體臭！來人呀，將美人的鼻子割掉！」

20 批評別人時，要考慮對方的立場

平凡人的最大缺點，就是常常覺得自己比別人高明。

從表面來看，鄭袖的行為是喜歡美人；實際上，她的動機卻是嫉妒和要陷害美人。如果美人能洞察鄭袖的行為，那麼她就有可能逃過被割去鼻子的命運。可惜的是，美人卻被鄭袖愛「吃虧」的表象所迷惑，以至大禍臨頭時，還被蒙在鼓裡。

「害人之心不可有，防人之心不可無」，生活在社會叢林中，多花一點心思在那些永不吃虧的人身上，或是提防那些吃「表面虧」的人，是很有必要的。

人很容易在對人及待己上採用不一樣的標準。

西方有這樣一個說法，每個人出生以後，上帝都會在他的脖子上掛兩個袋子。一只袋子掛在胸前，裡面裝的是他人所犯下的過錯；另一個大袋子背在背後，裡面裝的是自己犯下的過失。

所以，人們總是容易注意到他人的過失，並習慣性地將其他人的錯誤裝進胸前的袋中，一刻也沒有忘記。但是，卻壓根忘了自己背上的袋子裡裝滿了自己的缺點。特別是在批評他人時尤其如此。因此這樣的批評常常引起對方的反感，甚至事與願違，達不到勸誡的目的。但如果你採用另外一種手法，即在批評他人之前，先談一談自己也曾經犯過這樣的錯誤，這樣就可以帶給對方一定程度的認同感，從而拉近彼此的心理距離，使對方更容易接受。

湯瑪士是一家超市的售貨員，在一次運貨時，因粗心大意而使超市損失了兩箱水果。為此，經理對他進行了如下一番批評：「湯瑪士，你犯了個錯。但上帝知道，我犯的許多錯誤比你還糟。你不可能天生就萬事精通，那只有在實際的經驗中才能獲得。而且，你比我在這方面強多了，我還曾作出那麼多愚蠢的事，所以，我不願批評任何人，但你難道不認為，如果你換一種做法的話，事情不是更好一點嗎？」

湯瑪士愉快地接受了經理的批評，從此做事認真多了。

在人性的弱點中，排斥遭受批評的心理是一種本能，即使是最理智的、最明理的人物，也不能避免。美國前總統卡特在一次聽完國內數十位大企業家、工會領袖、政府官員、教會代表的批評後，深有感觸地說：「我不是那種聽了批評能夠不在乎的人，我也不願意承認自己有缺點，有做錯事的時候。只是過了幾天，我才會明白，對於一個擔任總統的人來說，這樣的批評是多麼的有益處。」

21 沒有人會主動把壞習慣扔出窗外

很多人對於那些不起眼的小習慣漫不經心，覺得它沒有什麼大不了。然而，正是那些小習慣，時間一長反而會變成老習慣、壞習慣，使你看不清前進的方向。

然而在生活中，能如此明白批評對自己有好處的人畢竟是少數，大多數人還是很反感他人對自己「指手畫腳」的。因此，當你想要批評某位同事、朋友或家人時，不妨先問問自己：自己夠資格批評他嗎？自己是否批評了一件自己有時也會做的事呢？他們沒有按照自己的方式去做，就代表他們錯了嗎？你或許會發現，當你認真考慮別人的行事方法時，你也會學到許多處理事情更好的方法。

習慣人人都有，但習慣也有好壞之分。生活中的那些壞習慣，猶如一鍋粥中的老鼠屎，是阻礙前進的絆腳石，也是破壞人際關係的「毒瘤」。不過，這些道理雖然我們大多數人都懂，但是，當我們身上具有某一特徵的壞習慣時，我們卻常常姑息自己，任由這些壞習慣在自己身上「根深柢固」，卻從未想到過要改正、拋棄它。在現實生活中，壞習慣很多，說話刻薄就是其中一種。

曼麗絲長相普通，三十歲了還沒有男士向她表示好感，她的自卑心理很嚴重。發展到後來，每認識一個女孩，她總是一針見血地指出這個女孩外表上的缺陷，以取得心理上的平衡。

有一次，公司新聘請了一位女秘書，同事們都誇她長得漂亮，而曼麗絲則極其尖刻地說：「你是從矮人國來的吧？剛到我胸口這兒！」讓正與高采烈的眾人尷尬不已。

時間長了，曼麗絲的自卑心理轉化成了外在習慣，她逢人便挑剌，對於男士也如此。

後來，曼麗絲喜歡上一個男孩，那男孩也對她極有好感，大家都盼著愛情能使她有所改變。可是結果呢？愛情還沒來得及改變她，她就把愛情給摧毀了。

那位男孩有一臉落腮鬍，她就大驚小怪地說：「你沒進化完全呀！」類似的話總是毫無預兆、不管場合就迸了出來，經常使男孩狼狽不堪。無奈之下，只好離開了她。

22 給人面子，自己也會有面子

你希望別人怎樣對待你，就應該怎樣對待別人。

其實，曼麗絲的優點很多，心腸也好，是人們常說的「刀子嘴豆腐心」。可是就因為她老愛嘲笑別人的缺陷，使她成了聚會時，大家最不喜歡邀請的人，因為大家都很怕她再說出令自己難堪的話。結果到頭來，朋友們一個個都離開了她。

刻薄的語言就如同一把出鞘的利劍，稍有不慎就能刺傷他人的心，而且也會傷害自己，因為沒有人願意與刻薄之人深交。另外，經常挑剔別人短處，並以別人短處為話題的人，只會讓人感到他的苛刻而難以與其相處，並讓人感到其品格惡劣、粗俗而遭人厭煩。

人人都愛面子，你給別人面子，就是給自己一份厚禮。

人們總是竭盡全力來保持顏面，為了面子的問題，可以做出常理之外的事。如果你是個不在乎面子的人，那麼你肯定沒有好人緣；如果你是個只顧自己面子，卻不顧別人面子的人，那麼你總有一天會在「面子」上吃虧。

人人都有自尊和虛榮心。因此，為了自尊和虛榮，有些人可以吃暗虧，但就是不能吃「沒有面子的虧」。要想在社會交際中如魚得水，我們在公眾場合就不能率直地批評別人，而要用一些委婉、含蓄等方式表達自己的意思，這樣既保住了別人的面子，又為自己掙了面子。這種情形在朋友聚會時尤其常見。

茱迪去朋友家吃飯。進餐時，雙方聊起了一條高速公路的修建問題。茱迪強調，公路的進度一再延宕，是有關單位的一個嚴重錯誤；而朋友則不同意，認為那條公路本來就不該建。兩人你一言我一語，爭論越來越激烈。後來那位朋友把問題扯到「很多人私心重，沒有環保意識」上面，顯然是在批評茱迪。

茱迪怕再爭論下去無法收場，便開始緩和下來，婉轉地說：「可能我們的看法永遠不會一致，可是，那沒什麼大不了的，也許我們都是對的，也許我們都是錯的，這是不可知的事。」茱迪的一席話，不僅給自己找了臺階下，也顧全了朋友的面子。避免雙方爭論不休，影響感情。

試想，如果茱迪意氣用事地與朋友爭執下去，結果會如何呢？而退一步，朋友只會更加尊重她，而不是覺得自己丟了面子。

很多時候，朋友之間發生爭論，並不是不瞭解對方，而是缺乏溝通造成的。這時候爭論的雙方切不可以怒制怒。最好的方式是主動給自己找臺階下，又不傷害對方面子，要多加解釋，想辦法溝通或者道歉、勸慰，與對方達成和解或共識。

然而，遺憾的是，在生活中很多人都無法像茱迪那樣，能「給人面子」，從而得罪了別人，也為自己以後的失敗埋下禍根。這些人常犯的毛病是，自以為對某事有見解，自以為有口才，一遇到機會就高談闊論，把別人批評得一無是處，他自己則痛快至極，卻不知自己強要了「面子」，就有可能在最後失去面子。

希望別人給你面子時，應該先做到以下幾點：

批評別人時，要給對方留面子。只有糊塗的人，在與他人交往的過程中，才會把話說死、說絕，不給自己留餘地。例如：「你真笨，如果換了我，早就敲定了。」、「你難道沒長腦嗎？動手前先想想呀！」如此種種，相信誰聽了都不會開心。人人都愛惜自己的面子，而這樣帶有侮辱性的語言，顯然是極不給人面子的一種表現。

幫助別人時要給他人面子。幫助別人時要真誠、自然，不要讓別人覺得是一種負擔，是一種「人情債」。偶爾也要接受他人的幫助，這樣「禮尚往來」，對方才會覺得自己有面子，也會給你更多的面子。

榮譽給上司和同事。在工作中取得傲人成績，不要忘了把這些功勞給讓上司和同事，讓他們與你一起分享喜悅，切忌獨自享受鮮花與掌聲。而應該說：「如果沒有主管的支持和同事們的齊心協力，我就無法取得今天的成績。」諸如此類的話一說出口，主管和同事們都會欣賞你，因為你給足了他們面子。在今後的工作中，你就能獲得主管與同事更多的支持與幫助。

23 做人不能有嫉妒之心

猶如毀掉麥子一樣，嫉妒這個惡魔總是在暗地裏，悄悄地毀掉人間最美好的東西。

知道人們是如何注重面子，還應該儘量在社交場合給「對手」或「敵人」面子，必須時刻提醒自己不能做任何有損他人臉面的事情。

心理學家認為，一種行為必然引起相對的反應行為。只要有心，只要處處留意給人面子，你將會獲得更大的面子。

有人問亞里斯多德：「為什麼有的人總是心情不好，一段時間以後，他就真的遇上不幸了呢？」

亞里斯多德回答：因為折磨他的不僅是他自身所受的挫折，還有別人的成就，當他心裡裝滿怨恨和嫉妒時，他就容易發生意外。

莎士比亞也曾說過：「嫉妒是綠眼妖魔，誰做了它的俘虜，誰就要受到愚弄。」

一年前，茱迪以優異的成績考取了某知名大學的財會科系，這讓她從此有了出人頭地的機會。她是一個熱情大方、樂於助人的人，因此，同學和老師都十分喜歡她。可她並沒有就這樣積極地與人相處下去，在與同學的交往過程中，她產生了嚴重的不平衡心理。只要別的同學哪方面比她強，她就眼紅；只要老師在同學面前表揚別的同學，她心裡就酸溜溜的。她總是抱怨自己生在一個小康的家庭，看到別的同學錦衣玉食就極不平衡；別的同學得了獎學金或被評為「優良學生」，她就嫉妒得夜裡輾轉反側無法入睡，還時常埋怨上天的不公。

最讓她看不慣的是與她來自同一所高中的一位同學。原來兩個人在高中時，各方面都不相上下，上大學後，同學的成績越來越好，而且被選上了班級幹部，她更加妒火中燒了。

為此，給那位同學散佈流言蜚語，造謠中傷，成了她取代認真讀書的要務。在一次選舉班級幹部時，她為了把那位同學比下去，竟然在下面做小動作——拉選票，結果她的陰謀被同學們識破，唱票時只有她投了自己一票，顯得十分狼狽，同學們也越來越討厭她。

但她並沒有就此收手，已經被嫉妒沖昏了頭的她，一計不成又生一計。在期末考試中，她知道憑自己的實力是拿不了高分的，於是，她就採用夾帶紙條的方式作弊。在前兩科考試中，她的計謀得逞了。正當她自鳴得意、覺得勝利在望時，卻在第三科考試中被監考老師逮個正著。

老師說：「我早就注意妳了，以為妳會有所收斂，沒想到妳一而再、再而三地作弊。我再也不能容忍妳的作弊行為了。」

茱迪當下便痛哭流涕地求監考老師手下留情，可是學校的制度是不容改變的。當天，學校教務處就做出了開除學籍的處分。這樣的結局，是茱迪自己一手造成的。如果她不嫉妒，如果她能保持心態的平衡，她的人生應該是十分美好的。

生活中，有嫉妒心的人，如果不改變自己的心態，就會像茱迪那樣，斷送了自己的前途。如果要進行自我調適，把嫉妒變成競爭的動力，首先就要積極主動地調整自己的思想和行為，從而控制自己的嫉妒心理。這就需要冷靜分析自己的想法和行為，同時客觀評價自己，從而找出差距。認清了自己，再評價別人，自然也就能有所覺悟了。

24 攻擊他人，就是攻擊自我

如果你希望在他人身上引發積極的正面反應，請以身作則並溫和勸導，而不是攻擊。與他人共事，要專注於他人的正面形象，而不要專挑他們所厭惡或恐懼的事情。

另外，當你嫉妒別人時，總是因為他在某些方面的優勢深深地刺激了你，而你自己在這方面又恰好處於劣勢，這一差異正是產生嫉妒的根源，與此同時，你卻忽略了自己在另一方面的優勢。如果你能有意識地調整自己的注意力，就會使原先失衡的心理獲得一種新的平衡，這種平衡無疑會穩定你的情緒和情感，對調和人際關係也能發揮積極的作用。

喜歡攻擊他人的人，無不以害人的目的開始，以害己的結果告終。攻擊他人的人，必然遭到別人的攻擊，這是亙古不變的真理。南宋末年的賈似道，就是因為玩弄權術，喜歡攻擊他人，最終卻落得可恥可悲的下場。

《宋季三朝政要》中記載，賈似道為了中傷、誣陷宰相吳潛，竟然唆使人編造《福華編》歌頌賈似道的所謂鄂州戰功，排擠左相吳潛出朝，到處散佈吳潛兄弟有野心的謠言。宋理宗聞知大驚，忙罷吳潛相位，讓賈似道取而代之。

賈似道專權十五年，被他陷害的人難以計數，「一時正義端士，為似道破壞殆盡」。但多行不義必自斃，由於朝野萬眾的痛恨，朝廷只得把賈似道貶往循州。

一路上，轎夫們撤去轎蓋，讓他暴曬在烈日之下，轎夫們行路時還唱著民歌數落他的罪端。惡貫滿盈的賈似道，未至循州，途中便被監送人殺死。

毀人者總是先毀於被毀者，因為在詆謗他人之前，就先毀掉了自己的人品；在被他人抹黑之前，自己的手倒先黑了。其卑劣行徑一經暴露，其人格在人們心目中便失去了光彩，乃至變得一文不值。

皮日休說得好：「毀人者，自毀之。」意思是說欲毀他人之時，便埋下了毀滅自己的禍根，毀滅他人之時，便毀滅了自己的人格。

在現實生活中，毀人者自毀的例子是不少見的。這種心術不正、譭謗他人的人，必然樹敵廣，結怨多，積恨深。其結果，或是周圍的人對他側目而視，常存戒心，如避瘟疫；或是被譭謗者奮起回擊，以真憑實據揭穿其險惡用心，使其狼狽不堪，威信掃地；或是因譭謗他人而觸犯了法律，鋃鐺入獄，飽嘗鐵窗滋味，此乃罪有應得。

25 不要讓別人左右自己的言行

不要管別人怎麼說，只要你自己心裡知道，你是對的就行了。

毀人自毀，其言甚是！佛經上有一段話即說明這個道理：「惡人害賢者，猶仰天而唾。唾不至天，還從己墮。逆風揚塵，塵不至彼，還塵己身。賢不可害，禍必滅己。」意思是說：惡人譭謗傷害好人，就像仰面向天吐唾沫，最後唾沫反而落到譭謗者的臉上；這也像迎著風向人家撒灰塵，結果灰塵反而回到他自己身上。所以，不要譭謗他人，那樣做必然自取其禍。

生活中，我們常常因別人的評論左右自己，因別人的言語苦惱自己，其實大可不必。因為每個人都有自己的生活方式，我們不必為別人的言行改變自己做人做事的方式。

有這麼一個寓意故事：

大象畫了一幅風景畫，在送去參加展覽會之前，先請朋友們看了一下。牠想，要是這樣就拿到外面展覽，萬一畫得不好，那時可就丟臉了。

朋友們答應捧場，畫家十分高興，就是不知將要聽到什麼批評，不知牠們提的意見是否中肯，是稱讚還是否定？

朋友們來了，大象把畫布展開，大家有的近看，有的遠望。

鱷魚首先發言：「我看畫得不錯，可是就是沒看見尼羅河……」

山羊說：「畫得美極了，如果再加上一片菜園，就能畫龍點睛了。」

海豹說：「沒有尼羅河，菜園還行，可是哪兒是雪？哪兒是冰？」

田鼠覺得奇怪，說道：「還有東西比冰重要，比方說稻田，畫家怎麼忘了呢？」

豬接著說：「呼嚕，呼嚕，畫得不錯啊，各位朋友，但從豬的觀點來說，上面應該畫些橡果。」

所有意見大象都一一接受，牠拿起畫板重新動手，要用牠的一支筆滿足所有朋友的要求，使大家個個滿意。大象畫了冰天雪地、橡樹、尼羅河、菜園子、稻田，外加畫上蜜蜂。要知道，狗熊雖然沒來提意見，但牠萬一高興的話，難保不來看看這畫……

最後，大象把這幅畫改完了，請朋友們再到牠家中觀摩。朋友們瞧了瞧畫，都交頭接耳地說：「這是什麼畫，亂七八糟！」

其實，只要自己認為是對的，就不要太在乎別人的看法，否則，你就會像寓言中的大象一樣，因為太在乎他人的意見而失去了自我。

還有這樣一個故事：

有一個小和尚非常苦惱、沮喪，老禪師問他何故。

小和尚回答：「東街的叔叔稱我為大師；西巷的大姐罵我是禿驢；鐘家的阿弟讚我清心寡欲，四大皆空；王家的小姐卻指責我色膽包天，凡心未了。究竟我算什麼呢？」

老禪師聽後笑而不語，指指身邊的一塊石頭，又拿起面前的一杯水。

小和尚恍然大悟。

其實，老禪師笑而不語，正是詮釋了人生的真諦。老禪師的意思是說，石塊就是石塊，一杯水就是一杯水，自己就是自己，根本不必因為別人說三道四而煩惱，由別人去說，那只是別人的看法而已。

然而，很多時候我們總是陷於別人的評論之中。別人的語氣、眼神、手勢……都可能攪擾我們的心，澆滅了我們往前邁進的勇氣，平白損失了自由、快樂的權利。

26 關心他人才能得到他人的關心

同情是你能給予他人的最好禮物。

要知道，嘴長在別人身上，你如果想要別人在你背後閉嘴不談論你，除非你和大家都沒有利害關係和衝突。事實上這是不可能的。那麼，你唯一能做的，就是不要理會這些「風涼話」。

正如一位哲人所言：「走自己的路，讓別人說去吧！」

要將家庭的成員凝聚在一起，最重要的元素是體諒。與其只關注自己的悲哀與痛苦，不如多關懷、體恤家人的苦處。如此做你會驚喜地發現你與家人之間更親密，更和睦了，從而也就少了幾分煩惱。

自從父母去世後，湯姆斯一直與妹妹相依為命。湯姆斯在一家建築公司上班，而妹妹則在家負責家務。

一天，湯姆斯下班回家，剛一推開家門，妹妹便朝他扔過來一個靠墊，並狠狠地衝著他罵道：「你這個浪蕩子，又到哪裡鬼混去了？你自己看看，今天又晚回來一個小時。」

「我哪兒也沒去，一路上都在堵車。」湯姆斯解釋完後，見廚房裡冷冷清清的，便知道妹妹又沒準備好晚飯。

這時又累又餓的他也忍不住罵道：「妳這個懶鬼，整天待在家裡，竟然連飯都沒做，妳自己瞧瞧吧，現在都幾點了？難道妳想餓死我呀！」

「我每天在家當洗衣婦、燒飯婆，哪一天不是累得腰酸背痛的，晚飯你自己看著辦吧！」妹妹也一臉不高興地回答道。

其實，湯姆斯不知道，近段時間妹妹之所以心情不好，是因為她心愛的男朋友和她分手了。妹妹很傷心卻無處排解，只好把煩惱發洩在哥哥身上。如果湯姆斯常和妹妹溝通，就能體諒妹妹的苦衷，而妹妹也能體諒哥哥上班的辛苦。這樣，家庭「戰爭」就完全可以避免了。湯姆斯與妹妹都不應該動不動就苛責對方，而應該多一份安慰，多一點傾聽，多一分體貼，這樣的家庭才會和睦幸福。

想必這個淺顯的道理誰都懂，但是，很多時候人們總是更清楚自己的苦處，而不太在意家人的真正感受。比如你在外工作，父母待在家中，於是你的焦點會放在你有多辛苦，而忽略了待在家中的人也有一堆苦水要傾吐。如果你是家裡的那個人，你會強調家務多繁重，而不去想上班也同樣是一件很辛苦的事。

我們經常聽到這樣的訴苦：「我父母根本不瞭解我！」這些人之所以有這樣的感慨，是因為他們認為父母不瞭解自己，不體諒自己。

其實，在一個家庭中，這樣的問題不難解決，只要善於從對方的角度出發，多體諒對方，設身處地為家人著想，試著去想如果你是對方，你碰到的會是什麼困難？你會怎樣去做？你就會發現家人的生活並不像表面那樣輕鬆、自在。

在此，我們並非要你開始憐憫家人。我們只是希望你多傾聽，多付出你的關心，這會減輕你的壓力，因為你知道世間並不是只有你一個人在受苦。體諒家人的苦處，就是給他們心靈上的安慰，尤其是當這樣的安慰來自家庭成員時，效果就更顯著了。

27 做老好人的代價昂貴

當你們慷慨地表示友愛或道出肺腑之言時，千萬要有所克制。因為，那些被你當成朋友看待的人，你把心交給了他們，但只要看到你稍微有一點點失勢，他們立刻就像一股水似的從你那裡流走。即使再見著，也只是在想把你淹死。

在這個世界上，「老好人」是最受歡迎的人。因為「老好人」不會傷害別人，不會具有侵略性，甚至有時只要對方有難，就慷慨地給予幫助，而不管對方是不是真的需要幫助，或者自己的幫助是不是更會助長一些人的惡習。因此，在你做「好人」之前，一定要認清對方人格的好壞。另外，在做好人的同時，一定要堅持原則，要有主見，不能缺乏是非觀念而有求必應，否則，就是濫做好人了。

一次，魏惠王問他的臣子卜皮：「你認為我的聲譽如何？」

卜皮說：「大王是一個非常仁慈的國君。」

魏惠王聽了心裡頗感欣慰，他接著問道：「那麼我的政績會發展到什麼樣的地步？」

卜皮居然回答：「會發展到亡國的地步。」

魏惠王大吃一驚：「怎麼會這樣呢？我心地仁慈，又都是行好事，何以會亡國？」

卜皮說：「大王請息怒，仁慈必須看對象，如果對有罪的人也不肯殺，並且不論有無功績都要封賞，這樣的仁慈並不公平，反而會導致亡國。」

魏惠王想了一想，覺得很有道理，就虛心地向卜皮請教治國之道。

在生活中，類似魏惠王的人並不少，他們有一顆善良而仁慈的心，對別人總是全心全意地幫助。這本是一件值得讚美和發揚光大的好事，但遺憾的是這些施恩者從不看接受對象的品格，而盲目地伸出援手，以至常犯下《農夫和蛇》那篇寓言中農夫的錯誤。他們不知道，某些人就是這條蛇的「化身」。

當然，在此我們並不是反對做好人，反而還要支持你多做好人，但做好人的前提是：你必須堅持原則，堅持正義，分清在什麼場合下，該做好人，什麼情況下，也不妨「壞」一回。

28 適可而止，見好就收

知所為知其所不為，則天地官而萬物役也。

做事要有分寸，凡事皆有度。超過那個「度」，就會使事物的本質發生變化。掌握好「度」，也就是要求我們無論做什麼事情都要做具體分析，做到「胸中有數」，否則，便會遇到一些想不到的意外或麻煩。

三國時期，荊州的歸屬一直是吳蜀雙方爭論不休的問題。

赤壁之戰後，劉備佔領了荊州。對劉備說來，荊州實在是太重要了，因為這是向西川發展的基地，失去荊州，就失去了三分天下、進而統一中原的條件。但是，荊州也是東吳的門戶，要統一長江以南，發展自己，也必須奪取荊州。為此，赤壁大戰後，孫權便派魯肅前往蜀國索取荊州。

按照道理說，赤壁之戰是孫劉聯手的勝利，荊州作為從曹操手裡奪取的戰果，歸劉備所有，名正言順。況且，劉備漂泊半生，連個立身之處都沒有，佔有荊州也沒什麼不妥，當魯肅前來討回時，諸葛亮便講出一堆理直氣壯的話來。

但是，實際上諸葛亮對魯肅說的卻不是這樣的話，而是婉轉地提出暫「借」荊州。

一個「借」字，表現了諸葛亮辦事適可而止、恰到好處的技巧。當時的劉備和曹操、孫權比較，力量還很弱小，只有和孫權結盟，共抗曹操，方能立穩腳跟，發展壯大，以圖大業。假如此時提出佔領荊州，就會激化吳蜀的矛盾，進而破壞吳蜀聯盟，打破既定的政治戰略，造成全局被動。而用一個「借」字，就避免了這個危險，就是說：「借」荊州，既保證了劉備的可靠後方根據地，又維護了孫劉雙方的同盟關係，不過不及，恰到好處。

然而，關羽卻不能理解諸葛亮的這番苦心。諸葛亮離開荊州之前，曾告訴關羽八個字「北拒曹操，東和孫權」，但關羽一直沒把「東和孫權」放在心上。在與東吳的多次外交鬥爭中，他憑著一身虎膽、好馬快刀，從不把東吳人包括孫權放在眼裡。不但公開提出荊州應為蜀所得，還對孫權等人進行人格污辱，稱其子為「犬子」，使吳蜀關係不斷惡化，最後，東吳一個偷襲，使關羽地失人亡，下場悲慘至極。

雖然，關羽的失敗不能全部歸結於他處理與東吳關係時的不謹慎，但至少他的魯莽行事促使並加劇了吳蜀聯盟的破裂，使東吳痛下決心，以武力收復荊州。

諸葛亮和關羽的所作所為，正好從正反兩方面說明了「適而可止，見好就收」的重要性。

不該說的話，堅決不說；不該做的事，堅決不做，是對「適可而止，見好就收」的最好詮釋，也是為人處世的重要原則。

29 多為鄰居想一想

與人共事，要學吃虧。俗云：終身讓畔，不失一段。

一般情況下，當我們買了房子或租了房子穩定下來後，都會覺得自己辛苦了那麼久，總希望按照自己想過的生活方式來過。此時，如果你的鄰居告訴你：「不要把電視的聲音開得太大」、「把垃圾扔遠點……」時，你心裡肯定會覺得不舒服。心想：「真倒楣，我怎麼碰上了這麼一位惡鄰居！」如果有諸如此類的想法，是不應該的。

對待鄰居，我們應該多一份寬容之心。特別是當你和鄰居有爭執時，千萬要謹慎，你可以不同意鄰居的見解，但千萬不要直截了當地反對。你可以心平氣和地和鄰居討論問題，但千萬不要自己先發起火來。如果你能這麼做，你會發現大部分鄰居和你一樣，都希望活得平平安安，受人尊重。下面這個故事，應該能給我們一些啟示。

「妳別再製造這可怕的噪音好不好？我的頭都要爆炸了！」

約瑟夫對著窗外大聲喊道。自從隔壁新鄰居開始每天早晨吊嗓子練聲起，他便整天心煩意亂，不得安寧。

「這個討厭的女人，為什麼不到別處大喊大叫呢？」他惱火地自言自語道，「或許我應該立刻從這個地方搬走。」

約瑟夫原先是一名軍官，退役後他渴望過一種平靜安逸的生活來頤養天年，他特地選擇了位於郊區獨立的兩座房子。卻想不到隔壁那棟房子卻搬來了一個歌劇演員。

約瑟夫在心中默默地數著數字，等著敲門聲的到來。

「砰」……他趕緊打開前門，米莉已雙手叉腰站在門口。瞪著雙眼怒視著他。

「你這個老頭，就不能停止你的咆哮嗎？我才剛搬來兩週，你每天都大叫大嚷地干擾我練習。我對你的行為已忍無可忍了！」

「是嗎？妳倒是惡人先告狀！妳的聲音太可怕了，我寧願聽大街上的噪音！」

「如果你耳朵那麼嬌嫩，為什麼不到別處去消磨一個小時呢？比如去釣魚、去喝酒、去游泳，總之去做什麼都可以。我住這兒，就要在這兒唱。即使是『噪音』，你也必須習慣！」說完，她甩頭就走。

約瑟夫覺得米莉的話有點道理。第二天，他便真的按照米莉的建議去做了。

第三天清晨，約瑟夫被門鈴吵醒了，他瞅了一眼床邊的鬧鐘，才六點半鐘。米莉站在門口，手裡端著一盤自製的烤麵包，遞給約瑟夫說：「我們訂個停戰協議，好嗎？你只要每天給我一小時，我保證你再也不用扯著嗓子大喊大叫了。」

為了使約瑟夫不至於尷尬，她又問道：「你過去最感興趣的是什麼？」

「什麼，哦，我想是釣魚吧。妳問這個做什麼？」

「我有個建議，你教我釣魚，我教你唱歌劇。」

「如果我說不想學歌劇呢？」

「那我也不學釣魚。其實，這只不過是一種增進鄰里關係的方式。」

米莉說完，憤憤不平地走了。

一個星期天的早晨，米莉來請約瑟夫共進早餐，約瑟夫以有許多事要做，草率地拒絕了她。約瑟夫關門時，看到米莉臉上難堪的神色，他突然感到自己很不應該。

過了會兒，敲門聲又響了。

「對不起，再次打攪你，約瑟夫先生，這小傢伙遇到了麻煩。」米莉說著，低頭看了看身邊大約五歲的小女孩。

約瑟夫彎下腰，輕輕地撫摸著小女孩因抽泣而顫抖的小肩膀說：「小寶貝，妳別怕，我們會幫妳找到媽媽的。」隨後問明了她家的地址，給當警察的朋友打個電話，很快便把小女孩送回了家。

約瑟夫送孩子回來後，正巧碰上米莉含情脈脈的目光。她真誠地說：「約瑟夫先生，你真是一個好人。為此，我真誠地向你道歉——為我原先的失禮。」

剎那間，約瑟夫一種自責感油然而生：我怎麼如此小心眼？他鼓足了勇氣說：「有時候我也是太愚魯了，真對不起妳。這些日子妳一直在忍讓。而我……」

米莉打斷他的話說：「過去的事就讓它過去，讓我們從新開始吧！況且你有一顆善良的心，我想一切會好的。」

四目相對，心情自然愉悅無比。

兩位老人從吵架，到和解，再到相知，其中的關鍵是米莉有寬容大量的氣度。實際上，一些鄰里關係十分尷尬的，多半是因為一些雞毛蒜皮的小事。當鄰里之間有了糾紛時，只要相互寬容謙讓，矛盾就不會更加尖銳。當我們相互包容對方的缺點時，人與人之間就會相處得更和睦、幸福。

30 向朋友洩露隱私前要三思

一個人的行為與意志，如果常常受到有關無關、有形無形的制約，勢必會導致這個人的個性與活動難以發展。因此，人人都有保守秘密的權力。

每個人都有自己的秘密，有一些壓在心裡不願為人知的事情。朋友或同事之間，即使感情再好，也不要把自己的隱私告訴對方，即使你的秘密與目前的工作無關，仍然應該守口如瓶，否則，說不定哪一天就會因「禍從口出」給自己帶來麻煩。

艾立和洛基是同事，因為年齡相仿，兩人很快成為了好朋友。下班後無事常在一起喝酒聊天。

一個週末，艾立備了一些酒菜約了洛基在宿舍裡共飲。倆人酒越喝越多，話越說越多。酒已微醉的艾立向洛基說了一件他從未對任何人說過的事情。

「我高中畢業後沒考上大學，有一段時間沒事幹，心情特別不好。有一次和幾個朋友喝了點酒，回家時和路邊乘涼的幾個青年發生了口角，後來又大打出手。我因飲酒過多，一時衝動，重傷了其中一個青年，結果被人扭送到警察局，還被判了刑。刑滿後我四處找工作，處處沒人要。沒辦法，經朋友介紹我才來到深圳。不管怎麼樣，現在必須珍惜，為公司賣力工作。」

艾立在兩年後，公司根據他的表現，確定他和洛基為業務部副理候選人。總經理找他談話時，他表示一定加倍努力，不辜負長官的厚望。

誰知道，沒過兩天，公司人事部突然宣佈洛基為業務部副經理，艾立調出業務部另行安排工作崗位。

事後，艾立才從人事部瞭解到是洛基從中搗的鬼。原來，在候選人名單確定後，洛基便找到總經理辦公室，向總經理談了艾立曾被判刑坐牢的事。不難想像，一個有前科的人，老闆怎麼會重用呢？儘管你現在表現得不錯，可是那個污點是怎麼也擦不乾淨的。

知道真相後，艾立又氣又恨又無奈，只得接受調遣，去了不怎麼重要的部門上班。

既然秘密是自己的，無論如何也不能對朋友講。你不講，保住屬於自己的隱私，沒有什麼壞處；如果你講給別人聽，情況就不一樣了，說不定什麼時候別人會以此為把柄攻擊你，使你有口難言。

由此看來，告訴別人秘密要選擇恰當的對象。當你準備將秘密告訴別人時，就要慎重地考慮兩個問題：一是你是否有權利要求對方為你分擔責任，二是對方是否有義務與能力為你承受這份責任。

當一個人被心中的秘密壓得透不過氣，急需尋找一個管道來釋放時，應該找一個能使你充分信任並有足夠能力為你解疑的人，這個人選不但要有職業道德的約束，還應有解決問題的專業水準。

什麼話可以說，什麼話不能說，心裡應該有數，害人之心不可有，防人之心不可無。管住了自己的舌頭，別讓朋友抓住自己的「小辮子」，就能避免災難。

31 抓住每一個表達愛的良機

不被人愛是厄運，不愛人是不幸。

「愛」是一種社會倫理，更重要的，它還是一種讓人生更快樂的法則。只有心裡充滿愛的人，才會得到家人的愛，在社會上才會受人尊重。但是，如果一個人總是把愛藏在心裡，不願意表達出來，那麼親人或者是朋友就會因為無法感受到你的愛而疏遠你。因此，大膽地說出你的愛吧，讓你所愛的人感覺到你的愛，這樣，他們也會毫不猶豫地對你說：「我愛你！」

有一次，某教育專家問在座的幾對父母親：「你們當中，有誰願意為自己的孩子犧牲生命？」

在座的每一個人都舉起了手。

「有多少人願意承諾，每天向自己的孩子和配偶做出『愛的聲明』來表達心中的愛——不管是用正面的評語、有意義的遊戲，或者以輕撫、聲音和眼神來跟他們進行接觸？」教育專家接著問道。

結果沒有一個人舉手。

「你這是在開晚會還是在閒聊？」聽眾中的一位父親不耐煩地抗議道：「你要知道，我沒有那麼多閒工夫，我還要養家糊口呢！」

「至少你是坦白的，」教育專家回答說，「但是你的觀點，正是一般父親角色的傳統觀念。現實生活中，許多人只會在嘴上說他們愛自己的孩子和配偶，到了願意為他們犧牲生命的程度。但他們每天只顧忙著賺錢養家，卻在忙碌之間錯失了發展親子關係、表達親情的良機……」

那位父親無言以對。

其實，表達愛不限於什麼方式，什麼人，愛不需要書寫，愛不需要描繪，愛不能只深藏在心裡，要表現在關心他人的實際行動中。

生活中，許多人常常認為，家對自己來說實在是太熟悉了。自己總是待在家中，因此就自認為家人、房子、環境、安全感、舒適感，一草一木等等都是與生俱來的，尤其是把這看成是一種理所當然的想法。如果我們總是提醒自己，家庭的幸福來之不易時，在別人眼裡看來自己是過於神經質或多慮了。其實，自己每天真正要做的是花一點點時間，也許只是短短幾分鐘，衷心感謝家人在自己生命中無法替代的意義。

事實上，表達愛是件很簡單的事情，可是許多人卻做不到這一點。在自己心裡總認為家人不需要常常聽到這樣的話，或是不需要自己去表達，要麼就是他們不相信你會這麼說。其實真正的原因，在於我們沒有養成經常表達自己愛的習慣。

無論過去是否經常表達愛意，關鍵是在當你說出「我愛你」時，聽到的人都會覺得心裡很溫暖，很幸福。你是在經常提醒他們，他們並不孤單，因為你仍然在關愛著他們。你不僅提升了他們的自信心，而且自己也會因此而開心愉快起來。

請記住：每天都以實際的行動來表達你心中的愛，你說得越多，獲得的回報也會越多。

32 多說一些讓他人安心的話

親和的態度、友善的言辭是消除人與人之間隔閡的前提。

每個人都對自己最感興趣，認為自己是最可愛的。別人看重自己時，我們就會對他心懷好感；相反，如果別人輕視自己的話，我們就會與那個人保持距離。所以，為了博得對方的喜愛及保持良好的人際關係，首先必須重視並且積極肯定對方的表現。

那麼該怎麼做呢？在這裡提一個小小的建議，那就是「多說一些讓對方安心的話」。

例如，對方喜歡吃甜食，你可以這樣說：「我母親一向喜歡吃甜食，每天都往早餐的豆漿裡加糖，炒菜時也喜歡放上一點。最近常有報導說肥胖症多由食糖過量所引起，但是我母親年過八十卻仍十分消瘦。所以我說，肥胖症其實與吃甜食並沒有關係。」

對於喜歡吃甜食的人而言，最在乎的就是吃甜食與健康之間的關係。

提出對方關心的話題，就容易引起對方的共鳴。再加上你又提出母親等親近的人的實例，就會讓談話氣氛更加融洽。

「真的嗎？那我就放心了。說實話，我可不願意戒掉甜食。」

話匣子一打開對方自然就會說說自己的事情。

如果我們對他說：「吃甜食對身體不好，最好是不吃！」

這樣一來，氣氛會變得怎麼樣呢？對方會開始擔心，情緒也會受到影響，而原本令人愉快的談話氣氛也會被破壞，最後變成我們對吃甜食人的說教。最重要的是，說教也於事無補，因為不會戒甜食的人仍舊不會戒，會戒甜食的人即使不用說也會主動戒。

我們大多數人都有過這樣的經驗，就是無意中說錯了一句話，巴不得能把它收回。我們怎樣才能在某個人處於困難時對他說適當的話呢？雖然沒有嚴格的準則，但有些辦法可使我們衡量情況並做出得體而真誠的反應，這裡是一些建議：

洗耳恭聽。喪失了親人的人需要哀悼，需要經過悲傷的各個階段和說出他們的感受和回憶。這樣談得越多，越能產生療效。要順著朋友的意願行事，不要設法去逗他開心。只要靜心傾聽，接受他的感受，並表示理解他的心情。

有些悲痛的人不願意多說話，你也要尊重他的這種態度。一個正在接受化學治療的人說，他最感激一個朋友的關懷。那個朋友每天給他打一次電話，每次談話都不超過一分鐘，只是讓他知道自己惦記著他，但是並不堅持要他報告病情。

態度要真誠。千萬別說「別擔心，過幾天就會好的」之類的話，明知這些話並不真實而且病人自己也知道。

「到醫院去探病，說話要切合實際，但是要盡可能表示樂觀，」福林馬奧尼說，「例如『你覺得怎樣？』和『有什麼我可以幫忙的嗎？』這些永遠都是得體的話。要讓病人知道你關心他，知道有需要時你願意幫忙。不要害怕和他接觸。拍拍他的手或是抱他一下，可能比說話更有安慰作用。」

不要以朋友的不幸際遇為藉口，而把你自己類似的經歷扯出來。要是你只是說：「我是過來人，我明白你的心情，」那當然沒有什麼關係。但是你不能說：「我母親死後，我有一個星期吃不下東西。」每個人的悲傷方式並不相同，所以你不能硬要一個不像你那樣公開表露情緒的人感到內疚。

不要以自我為中心。當你去探訪一個遭遇不幸的人時，要記住你到那裡去是為了支持他和幫助他。你要留意對方的感受，而不要只顧自己的感受。

不要對對方所做的事情嘮叨不休。對於對方所關心的事，多說些可以讓人減輕擔心、不安的話，沒有人會討厭說話讓人安心的人，這一點小小的建議，請你牢記在心。

33 多讚美他人

許多羅曼蒂克的夢想破滅了！百分之五十以上的婚姻不幸福，原因之一就是毫無用處、卻令人心碎的批評。

在生活中，很少有人聽了他人的批評能不生氣動怒的。因為，在一般人眼裡，受批評是一種「丟面子」的事。在別人面前丟了面子，所以受批評者往往要產生牴觸情緒，從而使批評的效果大打折扣。因此，當我們不得不批評他人時，就一定要講究技巧，使批評達到春風化雨的治病效果。特別是夫妻之間，如果要批評對方的缺點，最好是先讚美其優點，這樣就可以避免對方因生氣而影響夫妻之間的感情。

尤格絲與她的丈夫之間出現了問題，她為此來找婚姻協調專家瑪利亞。

尤格絲說：「無論我做什麼，查理斯都讓我覺得有苦難言。他做的每一件事都使我覺得自己那麼愚蠢。」

瑪利亞請尤格絲說得詳細些。

「那好吧，」尤格絲接著說：「上週末，我們請了一些朋友和我們共進午餐。我料理時把豬排煎焦了。於是查理斯就忍不住對客人說：『豬排的做法至少有一百種，但尤格絲卻愚蠢得連一種也沒有學會。非常抱歉，你們吃了這些豬排可能會消化不良。』接著他還高興地說：『洗手間就在臥室的隔壁。』」

「這種事經常發生。查理斯讓我覺得我整理家務就如一個三歲的小孩。他告訴我，我做的任何事都是既愚蠢又可笑的，他對我的衣著打扮冷嘲熱諷，他從沒稱讚過我或對別人說過我的好話。」

「你是怎麼對待這種情況的呢？」瑪利亞問。

「在這種情況下，我能做些什麼呢？就像你所想到的那樣，我們經常吵架。昨天晚上我告訴他，別再讓我覺得自己像個傻瓜，要不我就和他離婚。」

半年後瑪利亞再次見到尤格絲。

她告訴瑪利亞說：「在我們倆談過後，我暫時與查理斯分開了一段時間，查理斯並不想要我這麼做。他鼓起勇氣將這件事告訴了我們的牧師。我不知道牧師到底對他說了些什麼，總之，我們又和好了。查理斯對我的態度有了很大的變化。他無論在家裡，在公共場合，還是在其他在任何地方都誇獎、稱讚我，這使我覺得自己是世界上最聰明的女人。為了他的這種轉變，我更愛他了。」

那位牧師所做的，可能是對查理斯說，如果他想得到尤格絲的愛、尊敬和奉獻，他就應該稱讚她是聰明、能幹的女人，而不應該讓她覺得自己像個傻瓜。

如果你想和自己的另一半關係融洽、和諧，就不要和對方生氣，更不要過多地使用批評的語言，而要多讚美對方的想法、建議和聰明才智，這樣才會獲得對方的忠誠和愛意。因為讚許愛人的實質，是對愛人的尊重和評價，也是送給愛人最好的禮物和報酬，是修好夫妻關係的一筆暫時看不到利潤的投資。它表達的是我們的一片善心與好意，傳遞的是你的情感和信任，化解的是你有意無意間與人形成的隔閡和摩擦。對愛人多表示讚許，何樂而不為呢？

34 要有自己的圈子

正如樹枝和樹幹連結在一起那樣，脫離樹幹的樹枝很快就會枯死。

你可以是一個自由職業者，不受公司的約束，但你不可能是一個沒有自己的圈子的人。事實上，住在哪裡、住在什麼地方對人的影響不像幼兒時期那麼重要，真正影響、改變你生活的是——你的生活圈。

生物學家做過這樣一個實驗：往水池中放魚苗時，如果一瓢舀十條魚，從放入水池到長大，中間如無死亡，牠們始終在一起生活。一直依循著既不輕易吸收其他的魚，進入這個圈子，也不會有任何一條魚，輕易脫離牠自己生活的圈子。人在這方面也具有與魚類相似的群集性。

人們一旦進入社會後，在短時間內便會建立一個屬於自己的圈子。這個最初建立起來的群集，將是他一生交往和主要活動的範圍，從此他在社會這個神秘莫測、充滿危險性的海洋中，一直依循著物以類聚、人以群分的基本原則，因為每一個人在建立自己的圈子時，必然帶著適應他的基本情況，這種圈子高有高的標準，低有低的條件，這種圈子經過數年的生活考驗便基本穩定下來。

此時穩定下來的圈子，就好比一瓢魚，他們之間的優點、缺點、性格、脾氣，品質、操守等，彼此都十分瞭解。自己有了困難，知道圈子會幫助他，別人有困難自己也會盡力幫忙。

而圈內人的精神層面交流基本上也是在圈內進行的。一個人每天可能會面對很多人，說很多話，但真正的心裡話有很多是對圈內人說的。同事雖然和你近在咫尺，如果不是圈內人，是絕對不會說知心話的。有了難處，你也不一定會請他們幫助。

「在家靠父母，出外靠朋友」。圈子對於成事的好處顯而易見，它在促使人共同做一件事時能達到較好的凝聚作用。如果在圈子裡做事，由於彼此間有一種信任、默契，因此會獲得較高的效率。

在自己的圈子裡，平時難免有吵吵鬧鬧，摩擦爭執，你爭我奪的現象，但絕不像圈外人一樣記仇，一般過後會很快相互諒解，互相幫助。即便爭執激烈，說了一些過頭的話，但說者是姑妄說之，聽者是姑妄聽之。

如果有言行損害了圈子裡朋友的利益，一般都會有人出來說公道話的。

圈子一旦形成，就成為一個牢固的整體。在圈內，即使有人出人頭地，有人一文不名，也不影響圈子的團結。社會地位很高的人仍然喜歡和圈子內社會地位很低的人親密交往。他們會把圈子內這些地位很低的朋友看得比圈外工作上的領導和那些社會地位很高的人更重要。因為在朋友圈內沒有世俗的高低貴賤之分，在朋友圈子裡衡量人的標準是品德和才能。政治、經濟地位不高的人只要品德高尚，在朋友圈內就不會受到歧視。政治經濟地位很高的人如品格低下，在圈內也不會受到尊敬，而且還有被逐出圈子的可能。

無論如何，建立一個屬於自己的圈子還是很有必要的。

35 不要把人與人之間的瑣事當是非

不要背後議論，免得被人當作謠言的製造者，因為不說話是不會傷人的，而說長道短則會招惹是非。

有這樣一句古老的格言：如果說不出別人的好話，不如什麼都不說，這句格言在現代社會更顯珍貴。

在任何機構，謠言是永不止息的。可以確定的是，你說了別人的壞話總會飛快地傳入對方的耳朵，在你面前說人是非的人，也一定會在別人面前談論你的是非。你該做的不只是不說他人的壞話，更不可以加入論人是非的對話中。

作為同事，由於天天在一起工作，難免會有一些小摩擦發生。同事之間產生矛盾，你應該盡力調解，但調解時要講方法，不能把調解當成挑撥，否則，不管你的出發點如何，都會成為同事眼裡不受歡迎的人。

洛基與桌對面的同事德基斯常常因為做事的方式不同爭吵起來。同事珍妮佛是一個「古道熱腸」的人，於是，洛基與德基斯分別找到珍妮佛吐苦水。珍妮佛為了不得罪他們，當著洛基的面說德基斯的不是；而德基斯來傾訴時，她又說是洛基的不對。

時間一長，洛基和德基斯的矛盾就更加深了。

有一天，兩人在辦公室裡大打出手，最後驚動了主管。主管把兩人分別叫到辦公室細問究竟，方才弄明白是珍妮佛居中起了負面的作用，使兩人的矛盾更加尖銳了。真相大白，洛基和德基斯的關係又和好如初了，只是苦了珍妮佛，弄得她裡外不是人，在辦公室裡非常尷尬。

在同事之間搬弄事非是要付出代價的，因為你的言行終有一天會被人揭穿，同事看清你的真面貌時，也就是你受冷落之日了。

人的時間、精力和金錢都是有限的，你必須慎重選擇使用的方式。如果你決定採用貶抑別人來提高自己價值的方式，會浪費一些有限的資源，你會發現，你把大部分的時間和精力部花在說人是非、中傷別人上，自己有限的時間反而更加所剩無幾了。

36 忠實的朋友勝過虛偽的親戚

友誼是一種最神聖的東西，不光是值得特別推崇，而且值得永遠讚揚。它是慷慨和榮譽最賢慧的母親，最感激和仁慈的姐妹，是憎恨和貪婪的死敵；它時時刻刻都準備捨己為人，而且完全出於自願，不用他人懇求。

世上最可貴的東西莫過於真誠的友誼。正如《聖經》所言：「濫交朋友的，自取敗壞，但有一朋友，比兄弟還親密。」

交友務必謹慎，小心擇友很重要，方法是重質不重量。結交幾位推心置腹、患難與共的好友，要比擁有一堆泛泛之交更能得到快樂。

忠誠是友誼的源泉。對待朋友以誠相待，以品格換品格，就可以在自己與朋友之間架起友誼之橋。如果朋友之間沒有忠誠，友誼也不會長久。

有一次，亞遜斯來到阿爾卑斯山下，遇到了幾位天神。

天神說：「亞遜斯，你有過朋友嗎？」

亞遜斯回答說：「有，他愛我勝過愛你們。」

這句話激怒了天神們，他們決心殺掉亞遜斯的朋友，便詢問這位朋友是誰，亞遜斯看出了天神們的用意，就閉口不談。

於是，天神們拿出了各自的寶貝引誘亞遜斯，許諾他將有一位美貌無比的妻子，成為一位威嚴無比的國王等等。這一切都沒有打動亞遜斯的心。但神通廣大的天神們還是抓到了亞遜斯的朋友，只是沒有立刻殺死他，對亞遜斯的話他們並不十分相信，於是以同樣的手段引誘亞遜斯的朋友，只要同意背叛亞遜斯，他將得到他所要的一切：美色、財富、權勢。哪知這位朋友也和亞遜斯一樣，絲毫未動心。

天神們既羨慕又慚愧，卻沒有一位天神去殺他們，並悄悄地將他們放下了山。

37 用若無其事的方式提醒別人

提醒他不知道的好像是提醒他忘記了的。

亞遜斯說：「我們彼此忠誠，沒有什麼比我們的友誼更重要。」的確，沒有忠誠，就不會有長久的友誼，忠誠是友誼的標誌。就像一位哲人所言「當我們愛自己勝過愛他人時，對他人無非是關心而已；當我們愛他人如同愛自己時，便能獲得真誠的友誼。」

如果有人說了一句你認為是錯誤的話，你聽後直接反駁，勢必會讓對方下不了台。但假如你換一種方法：「哦，我倒有另外一種想法，但也許不對，我常常弄錯。如果我弄錯了，我很願意接受指正。」這將會收到你意想不到的神奇效果。無論什麼場合，誰會反對你說「我也許不對」呢？

其實，這才是最理想的回答方式。

有一次，有人去訪問著名的探險家和科學家史蒂文生。他在北極圈內生活了十一年之久，史蒂文生告訴來訪者自己正在做一項實驗。

來訪者問他：「史蒂文生先生，你打算從實驗中證明出什麼呢？」

史蒂文生回答說：「科學家永遠不會打算證明什麼，他只打算發掘事實。」

不少人都犯有武斷、偏見的毛病，具有固執、自負和嫉妒的缺點；人們一般都不願改變自己對事物的看法。但是，如果我們懂得運用史蒂文生的思考方法，生活中就會減少很多衝突。

羅賓森教授在《下決心的過程》一書中說過一段富有啟示性的話：「人，有時會很自然地改變自己的想法，但是如果有人說他錯了，他就會惱火，更加固執己見。人，有時也會毫無根據地形成自己的想法，但是如果有人不同意他的想法，那反而會使他全心全意地維護自己的想法。不是那些想法本身多麼高明，而是他的自尊心受到了威脅……」

羅賓森教授所說的「人」確實是這樣，也包括我們在內。

麗婭有一次請一位室內設計師為自己設計地毯。等到帳單送來後，麗婭大吃一驚：費用遠遠超過了預算。過了幾天，一位朋友來看她，談起地毯的價格，麗婭告訴他以後，他說：「什麼？這太過分了！他佔了妳的便宜了！妳怎麼會上當呢？」

「我吃虧了嗎？是的，他說的是實話。」可是沒有人肯聽別人否定自己判斷力的實話。麗婭開始為自己辯護說：「好貨總有好貨的價錢，你不能以便宜的價錢買到高品質的東西。」

第二天，另一位朋友也來拜訪麗婭。他讚揚那些地毯，表現得非常有興趣，並說要是負擔得起的話，也希望在自己的家裡鋪上這樣的地毯。

麗婭的反應完全不一樣了。她說：「說實話，價錢太高了，我也負擔不起。我後悔訂做了這些地毯。」說完，麗婭甚至為自己的坦白、直率自豪起來。

由此可見，如果對方處理得巧妙，我們也會承認自己的錯誤。但是，如果把難以下嚥的事實硬塞進我們的嘴裡，結果就適得其反了。

佛蘭克林說過一段關於做人處世、控制自己情緒的話：

「我立下一條規矩，絕不正面反對別人的意思，也不讓自己武斷。我甚至不准自己表達文字上或語言上過分肯定的意見。我絕不用『當然』、『無疑』這類詞，而是用『我想』、『我假設』或『我想像』。有人向我陳述一件我不以為然的事情時，我絕不立刻駁斥他，或立即指出他的錯誤。我會在回答的時候，表示在某些條件和情況下他的意見沒有錯，但目前來看好像稍有不同。」

我很快就看見了收穫。凡是我參與的談話氣氛變得融洽多了。我以謙虛的態度表達自己的意見，不但容易被人接受，衝突也減少了。我最初這麼做時，確實感到困難，但久而久之，就養成了習慣。

也許，五十年來，沒有人再聽到我講過太武斷的話。這種習慣使我提交的新法案能夠得到人們的重視。儘管我不善於辭令，更談不上雄辯，有時還會說錯話，但一般來說，我的意見還是得到了廣泛的支持。

其實，他在這裡並沒有提出什麼新的觀念——這只不過顯示了他成熟的處世技巧：用若無其事的方式提醒他人。(THE END)

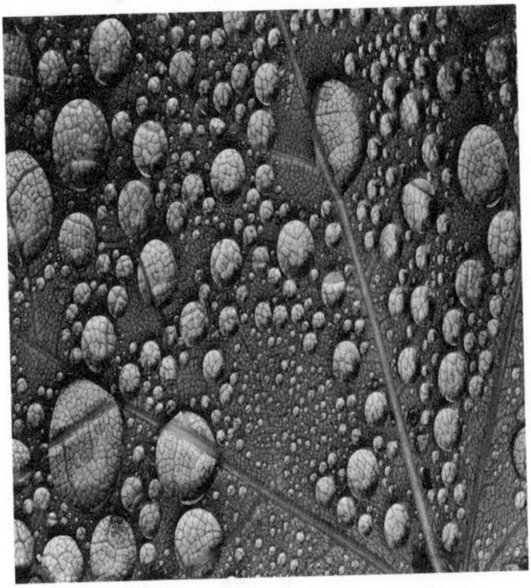

如果把大部分的時間和精力都花在說人是非、中傷別人上，自己有限的時間反而更加所剩無幾了。

★附錄：

成功格言語錄：每一個成功者都有一個開始，勇於開始才能找到成功的路。

◆世界會向那些有目標和遠見的人讓路。
◆造物之前，必先造人。
◆與其臨淵羨魚，不如退而結網。
◆若不給自己設限，則人生中就沒有限制你發揮的藩籬。
◆賺錢之道很多，但是找不到賺錢的方法，變成就不了大事業。
◆蟻穴雖小，潰之千里。
◆最有效的資本是我們的信譽，它二十四小時不停地為我們工作。
◆絆腳石乃是進身之階。
◆堯舜不易日月而興，桀？不易星辰而亡。
◆人是為本，天到為末。
◆你的臉是為了呈現上帝賜給人類最貴重的禮物……微笑，一定要成為你工作最偉大的資產。

◆以誠感人者，人亦誠而應。

◆世上並沒有用來鼓勵工作努力的賞賜，所有的賞賜都只是被用來獎勵工作成果的。

◆出門走好路，出口說好話，出手做好事。

◆旁觀者的姓名永遠爬不到比賽的計分板上。

◆銷售世界上最優秀的產品……不是汽車，而是自己。在你成功地把自己推銷給別人之前，你必須百分之百地把自己推銷給自己。

◆即使爬到最高的山上，一次也只能腳踏實地地邁一步。

◆積極思考造成積極人生，消極思考造成消極人生。

◆人之所以有一張嘴，而有兩隻耳朵，原因是聽的要比說的多一倍。

◆別想一下造出大海，必須先由小河川開始。

◆有事者，事竟成；破釜沉舟，百二秦關終歸楚；苦心人，天不負；臥薪嚐膽，三千越甲可吞吳。

◆當你感到悲哀痛苦時，最好是去學些什麼東西。學習會使你永遠立於不敗之地。

◆偉人所達到並保持著高處，並不是一蹴可及的，而是他們在同伴們都睡著的時候，一步步艱辛地向上攀爬的。

◆世界上那些最容易的事情中，拖延時間最不費力。

◆世界上沒有絕望的處境，只有對處境絕望的人。

◆迴避現實的人，未來將更不理想。

◆先知三日，富貴十年。

◆怠惰是貧窮的製造廠。

◆莫找藉口失敗，只找理由成功。（不為失敗找理由，要為成功找方法）。

◆如果我們想要更多的玫瑰花，就必須種植更多的玫瑰樹。

◆偉人之所以偉大，是因為他與別人共處逆境時，別人失去了信心，他卻下決心實現自己的目標。

◆堅韌是成功的一大要素，只要在門上敲得夠久、夠大聲，終會把人喚醒的。

◆夫婦一條心，泥土變黃金。

◆一個有信念者所開發出的力量，大於九十九個只有興趣者。
◆忍耐力較諸腦力，尤勝一籌。
◆環境不會改變，解決之道在於改變自己。
◆兩粒種子，一片森林。
◆每一發奮努力的背後，必有加倍的賞賜。
◆如果你希望成功，以恆心為良友，以經驗為參謀，以小心為兄弟，以希望為哨兵。
◆大多數人想要改造這個世界，但卻罕有人想要改造自己。
◆未曾失敗的人恐怕也未曾成功過。
◆人生偉業的建立，不在能知，乃在能行。
◆人之所以能，是相信能。
◆沒有口水與汗水，就沒有成功的淚水。
◆挫折其實就是邁向成功所應繳的學費。
◆任何的限制，都是從自己的內心開始的。
◆忘掉失敗，不過要牢記失敗中的教訓。
◆不是境況造就人，而是人造就境況。

◆只要路是對的，就不怕路遠。

◆一滴蜂蜜比一加侖膽汁能夠捕到更多的蒼蠅。

◆真心地對別人產生點興趣，是推銷員最重要的品格。

◆一個能從別人的觀念來看事情，能瞭解別人別人心靈活動的人，永遠不必為自己的前途擔心。

◆當一個人先從自己的內心開始奮鬥，他就是個有價值的人。

◆生命對某些人來說是美麗的，這些人的一生都為某個目標而奮鬥。

◆推銷產品要針對顧客的內心，不要針對顧客的外表。

◆沒有人富有的可以不要別人的幫助，也沒有人窮的不能在某方面給他人的幫助。

◆如果寒暄只是打個招呼就了事的話，那與猴子的呼叫聲有什麼不同呢？事實上，正確的寒暄必須在短短一句話中明顯地表露出你對他的關懷。

◆昨晚多幾分鐘的準備，今天就少幾小時的麻煩。

◆學會拿望遠鏡看別人，拿放大鏡看自己。

◆事實上，成功僅代表了你工作的百分之一，成功是百分之九十九失敗的結果。

◆不要等待機會，而要創造機會。

◆成功的法則極為簡單，但簡單並不代表容易。

◆凡真心嘗試助人者，沒有不幫到自己的。

◆積極者相信只有推動自己才能推動世界，只要推動自己就能推動世界。

◆每一日你所付出的代價都比前一日高，因為你的生命又消短了一天，所以每一日你都要更積極。今天太寶貴，不應該為酸苦的憂鬱和苦澀的毀恨所銷蝕，抬起下巴，抓住今天，它將不再回來。

◆一個人最大的破產是絕望，最大的資產是希望。

◆行動是成功的階梯，行動越多，登得越高。

◆環境永遠不會十全十美，消極的人受環境控制，積極的人卻控制環境。

◆做對的事情比把事情做對重要。

◆「人」的結構就是相互支撐。

國家圖書館出版品預行編目資料

常懷好心情,日子才會過得好 / 裴玲編著.
-- 臺北市 : 華志文化, 2020.06
面; 公分. -- (全方位心理叢書 ; 37)
ISBN 978-986-98313-9-0(平裝)
1.修身 2.生活指導

192.1 109006495

華志文化事業有限公司
系列/全方位心理叢書 337
書名/常懷好心情日子才會過得好

編者 裴玲
執行編輯 楊雅婷
美術編輯 簡郁哲
封面設計 王志強
文字校對 陳欣欣
企劃執行 張淑貞
總編輯 黃志中
社長 楊凱翔
出版者 華志文化事業有限公司
電子信箱 huachihbook@yahoo.com.tw
地址 116 台北市文山區興隆路四段96巷3弄6號4樓
電話 0937075060
印製排版 辰皓國際出版製作有限公司

總經銷商 旭昇圖書有限公司
地址 235 新北市中和區中山路二段三五二號二樓
電話 02-22451480
傳真 02-22451479
郵政劃撥 戶名:旭昇圖書有限公司(帳號:12935041)

出版日期 西元二〇二〇年六月初版第一刷
書號 C337